Daniela Dejnega | Luzia Schrampf

111 Schaumweine aus aller Welt, die man getrunken haben muss

Mit Fotografien von Tobias Fassbinder

111

emons:

Bibliografische Information der Deutschen Nationalbibliothek
Die Deutsche Nationalbibliothek verzeichnet diese Publikation in der Deutschen Nationalbibliografie; detaillierte bibliografische Daten sind im Internet über http://dnb.d-nb.e abrufbar.

FSC
www.fsc.org
MIX
Papier aus verantwortungsvollen Quellen
FSC® C043106

Gestaltung: Layout: Editorial Design & Artdirection, Conny Laue, nach einem Konzept von Lübbeke | Naumann | Thoben
Kartografie: altancicek.design, www.altancicek.de
Kartenbasisinformationen aus Openstreetmap,
© OpenStreetMap-Mitwirkende, ODbL
Druck und Bindung: Grafisches Centrum Cuno, Calbe
Printed in Germany 2022
ISBN 978-3-7408-1222-5

Liebe Schaumweinfreunde,

dieses Buch entstand aus einem sehr einfachen Grund: Wir sind beide überzeugte Schaumwein-Fans. Egal, welcher Provenienz, probiert wird alles, die stilistische Vielfalt in gerade diesem Weinsegment ist hocherfreulich.

Die Welt der Schaumweine verändert sich zum Besseren, da die Zahl jener ständig steigt, die sich ernsthaft und kreativ mit der Herstellung dieses Getränks auseinandersetzen, und das oft in Gebieten, die seit Langem in strengen Reglements einzementiert scheinen. Bio, der generelle Trend zum von der Natur und vom Handwerk, weniger von industrieller Fertigung geleiteten Weinbau und die steigende Wertschätzung für regionale Rebsorten sind starke Triebfedern in den vergangenen Jahren. Nicht nur Sprudel-Fans profitieren davon.

Die Auswahl

Wir hätten aus unserem jeweiligen Fundus an Schaumweinen, die wir im Laufe unserer Tätigkeit als Weinjournalistinnen getrunken haben, jene auswählen können, die einer von uns irgendwann einmal schmeckten. Aber wir wollten gemeinsam verkosten und beschließen – ja, das nehmen wir – oder gegebenenfalls auch Überzeugungsarbeit leisten, wenn eine von uns den Herzenswein der anderen weniger beeindruckend fand (was übrigens so gut wie nie der Fall war).

Leider machte die Coronapandemie 2021 einen gewaltigen Strich durch unsere Schaumwein-Reisepläne, das Organisieren von Probeflaschen war zuweilen herausfordernd. Ein ganz besonderes Dankeschön daher an alle Winzerinnen und Winzer, Händlerinnen und Händler, Konsortien, Komitees und Institutionen, die uns beim Beschaffen von Probeflaschen geholfen haben.

Bekenntnis zur Lücke

111 Startplätze sind viele – und auch wieder nicht. Jene, die in unserem Buch ein Abfeiern bekannter Häuser und die Beschreibung ihres jeweiligen Spitzenproduktes erwarten, müssen wir enttäuschen. Diese »üblichen Verdächtigen« sind verdientermaßen bereits wohl-

bekannt. Wir berichten lieber von jenen, die Entwicklungen in ihren jeweiligen Herkünften mit ihrer Einstellung und ihrer Arbeitsweise befeuern oder auch einfach nur schöne Geschichten rund um Schaumwein erzählen.

Dass Deutschland und Österreich im Buch eines deutschen Verlags schwerpunktmäßig vertreten sind, ist logisch. Ebenso, dass Frankreich als Mutterland allen Sprudels und Italien mit seiner ungeheuren Vielfalt an schäumenden Stilen prominent präsent sind. Dazu fanden wir einiges Unerwartetes und viel Spannendes, das nicht ausschließlich der Kategorie Sekt zuzuordnen ist. Perlwein und Pétillant Naturel gehören ebenso dazu wie alkoholisch Prickelndes aus anderem Obst als Trauben.

Die Preise

Schaumwein ist ein Erzeugnis der vielen kleinen Schritte, sowohl Denkschritte als auch Handgriffe. Jede einzelne Flasche wird immer wieder in die Hand genommen und monate- oder sogar jahrelang gelagert. Das bleibt nicht ohne Auswirkung auf die Preise. Bei Schaumwein für 3,50 Euro die Flasche bleibt zwangsläufig etwas (und auch jemand) auf der Strecke. Solche »Qualität« findet in diesem Buch keinen Platz.

Wann und woraus trinken?

Wir halten es mit Lily Bollinger und ihrer oft zitierten Aufzählung*, wann sie denn Champagner trinke. Man kann ihn tatsächlich immer trinken, nicht nur als Aperitif oder zum Anstoßen. Anfangen könnte man damit, zu einem mehrgängigen Menü durchgängig Schaumwein zu bestellen – bis zum Dessert und Käse. In puncto Glas empfehlen wir jedes gute Weinglas, je reifer, je komplexer der Schäumer, desto größer darf es sein. Champagnerschalen sehen im Film gut aus, das ist aber schon alles. Schlankere Sektgläser funktionieren bedingt, wenn sie dem Schaumwein dennoch genug Platz zur Entfaltung bieten.

Viel Freude beim Entdecken
der unendlichen Weiten der Schaumweinwelt.
Daniela Dejnega & Luzia Schrampf

*»*Ich trinke Champagner, wenn ich froh bin und wenn ich traurig bin. Manchmal trinke ich davon, wenn ich allein bin; und wenn ich Gesellschaft habe, dann darf er nicht fehlen. Wenn ich keinen Hunger habe, mache ich mir mit ihm Appetit, und wenn ich hungrig bin, lasse ich ihn mir schmecken. Sonst aber rühre ich ihn nicht an, außer wenn ich Durst habe.*«

111 Schaumweine

Deutschland

Frankreich

Champagne

Burgund, Elsass, Jura & Savoyen, Limoux, Loire und Normandie

Italien

Veneto

Lombardei

MADAME MARTIS
MIAU!
PRANZEGG
INDIGÈNE

Nord- und Osteuropa

Österreich

Preisklassen der Weine

€	bis 15 Euro
€€	15 bis 30 Euro
€€€	30 bis 50 Euro
€€€€	50 bis 75 Euro
€€€€€	über 75 Euro

Deutschland

Von der Schaumkrone zur Sektwende

Baden-Württemberg, Franken, Hessische Bergstraße, Mosel, Nahe, Pfalz, Rheingau und Rheinhessen

Deutschland ist Sektweltmeister, im Trinken wohlgemerkt. Rund 400 Millionen Flaschen werden jährlich konsumiert, nicht ganz fünf Flaschen pro Nase. Der Ruf des deutschen Sekts definierte sich jahrzehntelang über die Marken einiger Großproduzenten und das staatliche Produktionsmonopol. Erst in den 1980er Jahren war es Einzelbetrieben möglich, Sekt zu produzieren oder – wie an der Mosel geschehen – eine Sekterzeugergemeinschaft zu gründen.

Gut 150 Jahre lang bedeutete deutscher Sekt automatisch Sekt aus Riesling. Mit dieser Rebsorte muss sehr umsichtig umgegangen werden, um mehr herauszuholen als einen bloßen »Fruchtler«. Und lange hieß es bei der Herstellung eben auch »Masse statt Klasse«.

Wie auch in anderen Ländern hat es gedauert und teilweise eine neue Generation von Winzerinnen und Winzern gebraucht, die genug Wissen und Verständnis sammelte, um auch für Sekt das Beste aus den vorhandenen Gegebenheiten zu machen. Seit etwa 20 Jahren ist die Szene durch den generellen Trend zu Perlendem im Aufschwung. Die große »Sektwende« setzte dann um 2010 ein, und es kam zur Verfeinerung des Denkens in Richtung Terroir, zu mehr Geradlinigkeit und weniger Restsüße.

Spezialisierten Sekthäusern kommt heute endlich jene Aufmerksamkeit zu, die sie verdienen. Neue Betriebe mit Fokus auf Schaumwein wurden gegründet, und renommierte Weingüter perfektionieren ihr Know-how auch beim Sekt. Hochqualitative Benchmark ist die Champagne, zugleich wird oft die Eigenständigkeit der deutschen Sekte betont. Neben Riesling stehen heute auch die Burgundersorten und Chardonnay hoch im Kurs.

Der Verband Traditioneller Sektmacher, dessen 34 Mitglieder sich ganz der Klassischen Flaschengärung verschrieben haben, erfand sich 2019 neu. Der Qualitätsschub beim deutschen Winzersekt ist enorm.

1 Weltklasse aus Württemberg

Aldinger Brut Nature

Für superstraffen, allerfeinsten Winzersekt setzt Matthias Aldinger auf die klassischen Sorten der Champagne: Chardonnay, Pinot Noir und Meunier. »Die Idee war von Anfang an, einen großen Sekt im Champagner-Stil zu produzieren. Initialzündung war mein Sektprojekt während des Studiums. Gleichermaßen hat mich das weiße Gipsgestein unserer Lage ›Untertürkheimer Gips‹ sehr an die Kreideböden der Champagne erinnert«, erzählt Aldinger, der mit Sekt im Jahr 2009 startete, noch vor der »Sektwende« in Deutschland. Hochwertige Sekte waren damals dünn gesät. »Deutsche Sekte hatten für mich oft fruchtige, seifige und bittere Noten. Ich aber liebte schon damals das typische Brioche und die oxidativen Noten von Champagner«, erinnert sich Aldinger. Für den Ausbau der Grundweine verwendet er daher gebrauchte Barrique-Fässer. Die Holzfassreifung sowie die fünf Jahre dauernde Lagerung auf der Flaschenhefe erlauben den knochentrockenen Stil »Brut Nature« – ganz ohne Dosage. Aldinger ist überzeugt, dass mehr Süße seine Sekte zu opulent erscheinen ließe. Brut Nature sei ungeschminkt, spiegle den Jahrgang perfekt wider und gehe auch nur mit einer langen Flaschenreife. Viel Geduld ist also angesagt, und die zahlt sich aus: So feine Perlen bei solcher Straffheit sind in Deutschland selten zu finden – mineralisch-kreidige Finesse, elegante Biskuitnoten, viel Frische und feinstes Mousseux.

VDP-Winzer Aldinger wollte auch beim Sekt von Anfang an alle Register ziehen. So sind sogar die Angaben am Rückenetikett erfreulich präzise. Zum Beispiel: Traubenlese am 18.09.2014; Tirage am 04.05.2015 – an diesem Tag wurde der Wein für seine zweite Gärung in Flaschen gefüllt; Dégorgement am 03.09.2020 – erst nach über fünf Jahren. Beim Degorgieren entfernt man die Hefe, füllt den entstandenen Verlust auf und verschließt die Flaschen mit Korken und Agraffe. Aldingers Brut Nature ist mehrere Jahre lagerfähig!

Weingut Aldinger | Schmerstraße 25, Ecke Lutherstraße | 70734 Fellbach | Tel. +49/711/581417 | info@weingut-aldinger.de | weingut-aldinger.de | €€€€

ALDINGER
SEIT 1492
ALDINGER
BRUT NATURE
2014

2 Die Farbe der Liebe

Pinot Noir Rotsekt Brut

In Deutschland hat Sekt aus roten Rebsorten, rot gekeltert, offenbar so viel Tradition, dass die offizielle Statistik der gesamten Schaumweinproduktion immerhin zwei Prozent Anteil für »Rotsekt« ausweist. Weißer Sekt liegt bei 81 Prozent, roséfarben ist die Differenz auf hundert. Für Nichtdeutsche, speziell für österreichische Schaumweinfans, mutet Rotsekt meist eigentümlich an. In Italien dagegen ist man wieder daran gewöhnt, Stichwort Lambrusco, in Australien kennt man Sparkling Shiraz. Die roten Trauben für den Grundwein werden dabei mehrere Tage auf der Maische belassen, um aus den Beerenhäuten genügend Farbe auszulaugen, damit der Sekt jene dunkle Farbe bekommt, die ihn zum Rotsekt macht. Für einen Rosé aus roten Traubensorten wäre diese Kontaktzeit viel kürzer. Der springende Punkt dabei ist, so wenig Tannin wie möglich mit auszulaugen, da dies im Endprodukt im Zusammenspiel mit Kohlensäure recht kantig ausfallen kann. Restzucker – auch in der Extra-Dry-Klasse – war in früheren Jahren ein Mittel der Wahl, um Rotsekt geschmeidig wirken zu lassen.

Bei Mark Barth vergärt Pinot Noir drei bis vier Tage auf der Maische. Der Grundwein für den Pinot Noir Sekt Brut lagert ein Jahr im großen Holzfass. Zehn Jahre, 120 Monate, dauert dann der Hefekontakt nach der zweiten Gärung, was die Feinheit der Perlage erklärt. Dieser Pinot Noir ist mit etwa neun Gramm pro Liter Restzucker im mittleren Brut-Bereich angesiedelt und daher recht trocken, was seine Fruchtigkeit dennoch hervorhebt: Rote und dunkle Beeren, eine erdige Würzigkeit, die an herbstliches Laub im Wald erinnert, ausbalanciert durch eine gezähmte Säure, ergeben eine sehr elegant-harmonische Mischung mit feiner Pikanz. Die Perlage ist feingliedrig mit einer duftigen, an Flieder erinnernden Cremigkeit.

Das Haus Barth empfiehlt ihn zu Wild oder Rind, zu jeglichem Grillgelage, zu Schokoladendesserts. Für die Autorin besonders gut vorstellbar: zu Schwarzwälder Kirschtorte.

Wein- und Sektgut Barth | Bergweg 20 | 65347 Eltville-Hattenheim | Tel. +49/6723/2514 | mail@weingut-barth.de | weingut-barth.de | €€

B
BARTH
PINOT NOIR
BRUT

3 Tor zur Champagne

Grande Année Chardonnay Brut Nature

Hätten wir diesen Sekt völlig blind und nicht in einer Serie von deutschen Sekten probiert, wäre die Champagne als Herkunft durchaus in Betracht gekommen. Aber die Familie Braunewell betreibt ihr 28-Hektar-Weingut in Essenheim im Selztal bei Mainz. In einer Ecke, die, wie Stefan Braunewell, einer der beiden Söhne, es in einem Interview beschreibt, »zum kühlen Norden Rheinhessens« gehört. Die Selz ist ein kleiner Bach, der von Süden kommend in den Rhein mündet.

Auf etwa 50 Prozent der Rebflächen gedeihen Burgundersorten und Chardonnay, etwa 30 Prozent sind Riesling, der Rest: alles Mögliche. Die Aufteilung klingt logisch und erklärt sich durch den Boden, eine Kalkplatte aus Urmeersedimenten, die an einer Stelle abgebrochen ist und mehrere Bodenschichten freilegt. Die Weingärten liegen auf etwa 200 Metern Seehöhe und sind sehr windexponiert. Die kühlen Bedingungen bewirken eine langsame Ausreifung der Trauben.

Die Trauben für diesen Sekt wachsen am höchsten Punkt der Braunewell'schen Weinberge auf etwa 230 Metern. Der Grand Année 2013 hat eine sehr spezielle saftige Mineralität, die an eine frische Meeresbrise erinnert. Der Brut-Nature-Dosierung zum Trotz überrascht er mit einer eleganten Brioche-artigen Süße, die verspielt durch Aromen nach Walnuss und Apfel ergänzt wird. Der Wein ist perfekt ausbalanciert, wie übrigens auch die beiden anderen probierten, Pinot Prestige 2013 und Blanc de Blancs 2017. Die Chardonnay-Trauben für den Grande Année mögen vielleicht weit weg von einem Meeresstrand gewachsen sein, aber dafür liefern die Meereskalkablagerungen in den Böden eine intensive Salzigkeit.

Der Kreis zur Champagne schließt sich übrigens auch auf andere Weise: Die Heimatstadt der Braunewells, Essenheim, hat gleich vier Partnerstädte in diesem Weinbaugebiet, drei davon im Bezirk Épernay, ein Name, der Champagner-Fans durchaus geläufig ist.

Weingut Braunewell | Am Römerberg 34 | 55270 Essenheim | Tel. +49/6136/9999100 | info@weingut-braunewell.de | weingut-braunewell.de | €€€

TRADITIONELLER SEKTMACHER
BRAUNEWELL
GRANDE ANNÉE
2013

4 Suez ohne Krise

Suez Vintage Brut Nature

Falls die Frage auftaucht, weshalb ein Sekt nach einem Schifffahrtskanal in Ägypten benannt ist, einem laut Verfassung islamischen Land, in dem Alkohol, wie man annehmen darf, eine sehr untergeordnete Rolle spielt: Reichsrat von Buhl, ein seit 1849 bestehender Traditionsbetrieb, lieferte im November 1869 Weine zur dreitägigen Eröffnungsfeier des Suezkanals. An dieses welthistorische Event erinnern eine Serie von drei Stillweinen, die jeweils ein Best-of der jeweiligen Rebsorte sind, und auch der erste Brut-Nature-Rieslingsekt des Hauses, der im November 2019 zum 150-Jahr-Jubiläum feierlich präsentiert wurde.

Das Getränk ist rundum gelungen. Rieslingtrauben aus den besten Lagen, bei denen man im Hause Buhl tatsächlich aus dem Vollen schöpft, werden im Stahltank vergoren und in 500-Liter-Tonneau-Fässern zum Grundwein gereift. Ein Hefekontakt von 40 Monaten bringt ein fein dahinperlendes Mousseux und ein rundes Mundgefühl trotz der Brut-Nature-Dosierung. Der Geschmack erinnert zunächst an frische mürbe Kipferl und schlägt dann mit klaren Fruchtnoten durch: Aprikose, Pfirsich, dazu ein leichter Hang zum Exotischen, feine Kompottgewürze wie Zimt und Nelken machen ihn sehr komplex. Ein hoch spannendes Spiel zwischen Griffigkeit und Weichheit, die man einem Brut Nature nicht immer zutraut.

Federführend im von uns verkosteten Jahrgang 2015 dieses Suez-Sekts war übrigens Mathieu Kauffmann, von 2013 bis 2019 Kellermeister bei Buhl. Tatsächlich wirkte er vor dem Buhl-Engagement im Traditionshaus Bollinger in der Champagne als Kellermeister. Danach gründete er mit Sophie und Steffen Christmann das Sekt-Haus Christmann & Kauffmann, dessen Produkte für dieses Buch noch nicht präsentabel waren. Im Haus von Buhl ist ebenfalls weiterhin Großes in puncto Sekt zu erwarten, da man einiges in der Pipeline hat, für das noch längere Lagerzeiten vorgesehen sind. Es bleibt also spannend in der Pfalz.

Weingut Reichsrat von Buhl | Weinstraße 18–24 | 67146 Deidesheim |
Tel. +49/6326/965019 | info@von-buhl.de | von-buhl.de | €€

REICHSRAT VON BUHL
SUEZ VINTAGE 2015

5 Des Müllers Senkrechtstart

Blanc de Meuniers Brut Nature

In der Weinbranche waren sie schon lange tätig, Laura Burkhardt bei einem renommierten Händler für Bioweine und Sebastian Schür beim fränkischen Rotweinmeister Rudolf Fürst. 2012 fingen sie an, nebenberuflich Sekt herzustellen, und gründeten in Bürgstadt am Main ihr kleines Sekthaus BurkhardtSchür. »Zeit geben« war von Anfang an ihre Devise, und so brachten sie den Jahrgang 2012 erst 2018 auf den Markt. Heute sind die beiden mit einer jährlichen Produktion von lediglich 5.000 Flaschen die Senkrechtstarter der deutschen Sektszene.

Trauben kaufen sie von Winzern ihres Vertrauens, teilweise in Franken, teilweise in Württemberg. Von Muschelkalkböden auf der württembergischen Seite des Taubertals stammen die Trauben für den Blanc de Meuniers. Der dunkelbeerige, sehr gut an kühles Klima angepasste Pinot Meunier ist ja vor allem in der Champagne zu finden, wo man ihn als fruchtbringenden Cuvéepartner allerdings lange Zeit stiefmütterlich behandelte. Heute kann man dort einzelnen Winzern begegnen, die richtig tollen Champagner aus 100 Prozent Meunier machen. Genau so einen hatte Laura Burkhardt probiert und war fortan begeistert von der Sorte.

Den Meunier kennt man in Deutschland auch unter dem Namen Schwarzriesling oder Müllerrebe. Sein Kennzeichen ist, dass die Blätter an der Unterseite weiß behaart sind – als hätte sie ein Müller (französich »meunier«) mit Mehl bestäubt. »Für unsere fünf Sekte konzentrieren wir uns ganz bewusst auf die Vinifikation der drei Champagnersorten, auch sortenrein«, sagt Laura Burkhardt, »im Vergleich zu Pinot Noir und Chardonnay empfinden wir den Meunier als den weinigsten, der total gut zum Essen passt. Exotische Frucht, Weichheit und Fülle zeichnen ihn aus.« Dazu kommen – nach 75 Monaten Hefelager – feiner Schmelz und eine herrliche Aromenvielfalt, die mit Nusswürze, Bitterorangen, Heublumen und Hefegebäck seine kräftige Statur untermauert.

Sekthaus BurkhardtSchür | Raiffeisenring 1 | 63927 Bürgstadt am Main | Tel. +49/9371/6688732 | mail@burkhardtschuer.de | burkhardtschuer.de | €€€

BURKHARDTSCHÜR
BLANC DE MEUNIERS
BRUT NATURE

6 Genuss mit Dreck und Speck

Spätburgunder Blanc de Noirs

Es sind immer die ersten Trauben, die in einem Jahrgang gelesen werden, die einzige rote Rebsorte bei Clemens Busch und 1990 gepflanzt. Der Spätburgunder aus der nur 1.600 Quadratmeter großen Parzelle wurde bis 2006 als Stillwein ausgebaut. Nachdem er selten so wurde, wie Busch ihn sich vorgestellt hatte, und 2005 noch dazu ein extra schwieriger Jahrgang mit sehr viel Botrytis war, habe er sich geistig davon verabschiedet, erzählt er. Er wollte ihn roden und durch Riesling ersetzen. Doch sein Sohn schlug vor, es mit Sekt zu versuchen, was bedeutet, dass schon beim Rebschnitt im Winter gedacht werden musste. So entstand der erste Jahrgang dieses köstlichen Sektes.

Er ist ein Blanc de Noirs, der jedoch dank kurzer Kontaktzeit auf der Maische des Grundweins nicht ganz »blanc«, sondern zart zwiebelschalenfarben im Glas schimmert. Der Grundwein wird, je nach Material des Jahrgangs, aber im Prinzip aus leicht angequetschten Trauben im Moselfuder spontan vergoren, nicht vorgeklärt, sondern »mit Dreck und Speck«, dafür mit wenig Druck, langsam gepresst. »Dann harren wir der Dinge, die da kommen«, so Busch. Der Wein sollte restlos vergären, es sei aber auch kein Problem, wenn ihm etwas Süße bleibe. Dann werde für die zweite Vergärung in der Flasche noch weniger Zucker zugegeben. Manchmal werde sie auch mit konserviertem Saft ausgelöst: »Es gibt keine Rezeptur.«

Der Duft des Jahrgangs 2013 erinnert an Weihrauch und den kühlen, frischen Geruch in alten Gemäuern, dazu eine feine Würzigkeit wie von nassem Laub, das im Herbst im Wald am Boden liegt. Moselartiges wie eine Fruchtexplosion darf man nicht erwarten, dafür sehr viel Eigenständigkeit durch eine schöne Struktur, brillante Säure und große Tiefe, etwas salziges Karamell bei einer äußerst feinen und beständigen Perlage, die sich aus den 50 Monaten Hefelager ergibt, mit einer kieselsteinartigen Mineralität, die lange nachklingt.

Weingut Clemens Busch | Kirchstraße 37 | 56862 Pünderich |
Tel. +49/6542/1814023 | weingut@clemens-busch.de | clemens-busch.de | €€

spätburgunder sekt
brut nature 2015
clemensbusch

7_Was 109 Monate währt …

Prestige Cuvée MO Brut Nature

Verantwortlich für das heutige Geschehen am Weingut ist die siebente Generation der Diels. Caroline Diel, Önologin mit viel Arbeitserfahrung auf Weingütern in Frankreich, Deutschland, Österreich und Übersee, ist für Weingarten und Keller zuständig, ihr französischer Ehemann Sylvain Taurisson, ein Germanist und Betriebswirt, für alles außer Weingarten und Keller.

1802 erwarben Vorfahren das Landgut Burg Layen, eine gemischte Landwirtschaft mit Wein, das sich mit der Zeit zur Erfolgsgeschichte mauserte. Heute werden 25 Hektar Rebflächen bewirtschaftet, die teils an äußerst steilen Hängen mit wunderbar unterschiedlichen Böden aus Schiefer, Quarzit oder Kiesel liegen. Die aktuelle Rebsortenverteilung geht auf die sechste Generation, Armin und Monika Diel, zurück – Riesling auf etwa zwei Drittel der Rebflächen, dazu Pinot Noir und Weißer Burgunder.

Caroline ist hoch angesehen als Weinmacherin und beruft sich bei ihren Entscheidungen gern auf ihr Gefühl. Das funktioniert auch bei den Diel-Sekten bestens. Deren Besonderheit ist die Lagerzeit bis zu 15 Jahre nach der zweiten Gärung in der Flasche. Ein derart langer Kontakt zu den Autolyseprodukten bringt eine feste Einbindung der feinen Perlage, ein cremiges, zart prickelndes Unterlegen des eleganten Getränks.

Cuvée MO besteht aus Pinot Blanc und Pinot Noir, der Grundwein wurde im Edelstahl vergoren und gelagert. Der Name geht auf Carolines Mutter, Monika, zurück. MO hat ein Hefelager von 109 Monaten, also von gut neun Jahren, hinter sich, was ihm ein ausnehmend elegantes Mousseux beschert. Der verkostete 2009er hat prächtige feinwürzige Aromen, wie Bienenwachs und eine feinherbe dunkle Körnerwürze, die durch eine saftige, hintergründige Säure fein ausbalanciert wird, die auch eine grüne Komponente, wie bei frisch geschnittenen Hecken, einbringt. Gereifter Burgunder-Sekt in Bestform – und die wird er auch noch lange halten.

Schlossgut Diel | Burg Layen 16 | 55452 Burg Layen | Tel. +49/6721/96950 | schlossgut@diel.eu | diel.eu | €€€€

DIEL
CUVEE MO

8 Pet Nat mit Piepmatz

Piu Piu Pink Pétillant Naturel

Fio ist ein Projekt von Dirk und Daniel van der Niepoort und Philipp Kettern, Sohn einer Piesporter Winzerfamilie. Kennengelernt hat man sich irgendwo in der Karibik und beschlossen, an der Mosel gemeinsam Wein zu machen. »Die Grundidee war, Weine ganz wie früher länger auszubauen und dadurch eine natürliche Stabilisierung zu erreichen«, sodass sie »schlank, trocken und präzise« sind und einen »rasanten Trinkfluss« haben – wie eben die klassischen Moselrieslinge früherer Zeiten. Diese gärten ohne Beschleuniger welcher Art auch immer in tiefen und kühlen Kellern vor sich hin, bis sie einfach so weit waren. Von diesen Stillweinen gibt es einige bei Fio. Immerhin läuft das Projekt seit 2012.

Piu Piu Pet Nat ist dagegen etwas sehr Heutiges, obwohl die Art der Herstellung doch wieder steinalt ist. Irgendwie kam Philipp Kettern auf die Idee, einen nach Jahr und Tag immer noch gärenden Spätburgunder auf die Flasche zu füllen. Wenn der noch gärt, dann müssten genügend Zucker und Hefen da sein, damit er auch in der Flasche weitergärt, war seine Überlegung. Und genauso war es. Mittlerweile wird der gärende Spätburgunder, der auf Schiefer wuchs und spontan vergor, gezielt nach sechs Monaten im Holzfass auf die Flasche gezogen und in einen wärmeren Lagerraum gebracht. Durch den Temperaturanstieg wird die Aktivität der Hefen nochmals angeregt.

Piu Piu Pink mit dem hübschen Vogel am Etikett ist ein äußerst erfrischendes Getränk mit feinem, sehr cremigem Mousseux. Die herbe Würze schmeckt belebend und anregend. Die Aromen erinnern an Fichtennadeln im Wald und an Rotbeeriges wie frische Himbeeren und rote Johannisbeeren. Vor dem Öffnen bitte die Flasche vorsichtig auf den Kopf stellen, dadurch verteilt sich der am Boden abgelagerte Satz im Getränk, was den salzigen Charakter verstärkt. »Vorsichtig« sollte man ernst nehmen: Bei zu wildem Handling könnte es passieren, dass die ungestüme köstliche Flüssigkeit nicht nur im Glas landet.

Weinmanufaktur Fio Weine | Müsterter Straße 14 | 54498 Piesport | Tel. +49/6507/2813 | info@fio.wine | fio.wine | €€

"piu...
piu"

9 Die Birne als Zankapfel

Birnenschaumwein CBB Brut

Die Champagnerbratbirne besitzt einen klangvollen Namen und wird wegen ihres Geschmackes geschätzt, den man am allerbesten als moussierenden Wein genießen sollte. Das ist keine neue Erkenntnis, sondern wurde 1797 vom Obstbauexperten Johann Ludwig Christ festgehalten, der die »Champagner Weinbirne« und ihre Meriten im »Handbuch über Obstbaumzucht und Obstlehre« beschrieb.

Der Schaumwein, den Jörg Geiger heute unweit von Stuttgart aus der »Obstsorte Champagnerbratbirne« macht, bezaubert. In der Brut-Version hat er ein feines Aroma nach Heublumen mit lebendiger Säure bei acht Gramm Restsüße und nur 8,5 Volumenprozent Alkohol. Doch die Birnenaromen schlagen alles. Selbst der Geruchsblindeste unter uns wird hier reife Birnen nachvollziehen können, verstärkt durch ein animierendes körniges Mundgefühl. Das Tannin der frisch geernteten Frucht ist beachtlich, etwa zehn Mal höher als das von kräftigen Rotweinen. Um diese Gerbstoffe »gefügig« zu machen, werden die Birnen nachgereift: früher, indem sie in der Erde vergraben wurden, heute in geschlossenen Boxen, wo Gärgase das Tannin aufbrechen. Den Schaumwein von der Champagnerbratbirne gibt es auch süßer als Extra Dry, trockener als Extra Brut und in alkoholfreier Interpretation. An die prägnanten Aromen der Brut-Version kommen die anderen nicht ganz heran.

Der Birnenname kam dem »Comité de Champagne« (CIVC) zu Ohren, das vor Gericht zog wie üblich, wenn »Champagner« in einem anderen Zusammenhang als mit der Champagne verwendet wird. Da die Birne unter diesem Namen deutlich länger bekannt war als jegliche Marketingbestrebungen des 1941 gegründeten CIVC, was Geiger mit historischen Schriften auch gut belegen konnte, einigte man sich nach sechs bis sieben Jahren des langwierigen Prozesses auf einen Vergleich: Am Vorderetikett der Flasche darf der volle Name der Champagnerbratbirne nicht aufscheinen, dafür überall anders.

Manufaktur Jörg Geiger | Eschenbacher Straße 1 | 73114 Schlat | Tel. +49/7161/9990224 | info@manufaktur-joerg-geiger.de | manufaktur-joerg-geiger.de | €€

MANUFAKTUR JÖRG GEIGER
SCHLAT/GÖPP.
ANDVERLESEN VON
TREUOBSTWIESEN
TRADITIONELLE
FLASCHENGÄRUNG
BIRNENSCHAUMWEIN AUS DER OBSTSORTE
-BRATBIRNE
BRUT · HERB
MANUFAKTUR JÖRG GEIGER · GASTHOF LAMM · SCHLAT

10 Bloß kein Mainstream!

Blanc de Blancs Tradition Brut

Griesels Blanc de Blancs von Chardonnay und Weißburgunder bietet viel Sekt für wenig Geld, beweist aber vor allem eindrucksvoll, dass ein höchst charmanter Schaumwein nicht unbedingt Restsüße braucht. Niko Brandner, Quereinsteiger und Shootingstar unter den Sektmachern, beschreibt das gelungene Zusammenspiel der beiden Sorten so: »Der Chardonnay vom Kalkboden ist gelbfruchtig, sehr ›charming‹ mit weinigem Schmelz. Der Weißburgunder hingegen stammt vom Granitboden und ist unheimlich karg, mineralisch und präzise; er bringt wenig Fruchtnoten, aber viel Würze und gleicht die etwas kitschige Frucht vom Chardonnay sehr gut aus.« Mit nur zwei Gramm Dosage schmeckt er herrlich trocken und tatsächlich alles andere als verkitscht; feinperliges Mousse umspielt die frisch-kühle Aromatik mit herber Zitrusfrucht.

Griesel zählt immer noch zu den Sekt-Newcomern. Erst 2013 kaufte das Unternehmerpaar Streit die ehemalige Domäne Bergstraße der Hessischen Staatsweingüter in Bensheim, und wenig später wurde daraus Griesel & Compagnie, das erste Sekthaus der Region. Der junge Niko Brandner hatte seinen erlernten Beruf als Bankkaufmann gerade an den Nagel gehängt und absolvierte ein Studium am Weincampus Neustadt. Ihn als Sektmacher zu engagieren entpuppte sich als veritabler Glücksgriff.

Höchste Traubenqualität und handwerkliche Kellerarbeit nach dem Prinzip der »Low Intervention« waren von Beginn an die Eckpfeiler seines Zugangs zum Sektmachen. Sowohl mit Schwefel als auch mit der Dosage, also der Zugabe von Restsüße, wird grundsätzlich gespart. So sollen elegante, leichte Schaumweine mit möglichst hoher Komplexität und Eigenständigkeit entstehen. Brandner fasst zusammen: »Möglichst geringe Einflüsse und bloß kein Mainstream! So lautete das Ziel von Anfang an, nur kommen wir der Sache nun mit der Zeit immer näher.« Präzise, cremig-fein und doch strukturbetont – das ist der Griesel-Stil.

Griesel & Compagnie | Grieselstraße 34 | 64625 Bensheim |
Tel. +49/6251/8696891 | info@griesel-sekt.de | griesel-sekt.de | €€

GRIESEL
& COMPAGNIE
BLANC DE BLANCS BRUT

11 Harmonie der Fraktionen

Riesling Brut 36

Auf der Homepage des 2002 von den Johns als Familie gegründeten Betriebs beruft man sich bei der Weinwerdung auf »Minimal Intervention«. Bei Sekt, der von Grund auf ein hochmanipuliertes Produkt ist, bedeutet das zunächst, dass der Sektgrundwein wie auch der Stillwein von Hand gelesen und im großen Holzfass spontan vergoren wird. Dort bleibt er gut ein Jahr, wird ohne vorangehende Filtration »mit der Süße des nächsten Jahrgangs«, so Frank John, auf die Flasche gefüllt und erneut zum Gären gebracht. Das bedeutet, der Most des nächsten Jahrgangs mit seinem jeweiligen Zuckergehalt bringt diese zweite Gärung in Gang. Ein anderer Weg ist, Saft desselben Weines aus demselben Jahrgang steril zu filtrieren und kühl oder kalt zu lagern, sodass er ein Jahr später bei Bedarf die zweite Gärung auslösen kann.

Die Unterschiede zwischen den einzelnen John-Sekten sind nicht nur ihre Lagerzeiten, die in Monaten am Etikett angegeben sind, sondern auch die für die jeweilige Cuvée der Grundweine gewählte Zusammensetzung aus freilaufendem Most und Pressmost. Je nachdem, welches Bild sich der Winzer für seinen Sekt gemacht hat, würden die unterschiedlichen Fraktionen zusammengesetzt, so John. Für seine Sekte verwendet er je nach Liga Presssaft, Freilaufsaft, der naturgemäß mengenmäßig beschränkt vorhanden ist, und für die in der Hierarchie höher angesiedelten Sekte teilweise auch Grundweine, die in der Amphore vergoren wurden. »Diese Verhältnisse bestimmen die Wertigkeit«, sagt John, »je weniger Pressmost, desto feiner das Mousseux, desto anhaltender die Frucht.«

Die Coronapandemie hat zumindest eine gute Seite: Dass der Basissekt von Frank John nun 36 statt 32 Monate auf der Hefe lagert, ist den Absatzproblemen geschuldet, die sich durch den Gastronomie-Lockdown ergeben hatten. »Wir haben die Zeit halt genutzt, um diesen Sekt um vier Monate aufzuwerten«, erzählt Frank John, was dem Getränk äußerst gut steht.

Frank John – Das Hirschhorner Weinkontor | Hirschhornring 34 | 67435 Neustadt/Königsbach | Tel. +49/6321/670537 | info@johnwein.de | johnwein.de | €€

Frank John
Frank John
2017
Riesling Brut
-36-

12 Rieslingsekt ohne Kitsch

Krack Riesling Brut

Pfirsich und Marille. Rieslingsekte sind oft mit sortentypischer Frucht gesegnet. Wenn dann noch aufdringliche Restsüße mitspielt, kann es aber rasch kitschig werden. Darüber hinaus harmonieren Autolysenoten vom langen Hefelager auch nicht zwingend mit der intensiven Rieslingfrucht. Deshalb herrscht in manchen Kreisen schon mal Skepsis, wenn Rieslingsekt auf den Tisch kommt. Jedoch – und das ist das Schöne – gibt es immer wieder Weine, in diesem Fall Schaumweine, die uns eines Besseren belehren.

Tatsächlich existieren völlig kitschfreie Rieslingsekte. Ein meisterhaftes Exemplar hat das junge, erst 2015 gegründete Sekthaus Krack in Deidesheim zu bieten. Die elegante Nase nach reifen Zitronen, helle Hefenoten und ganz dezente Anklänge von herbem Steinobst zeichnen den Riesling Brut aus. Mit fünf Gramm Dosage ist er perfekt abgestimmt, animierend frisch, trinkfreudig und ganz und gar unkitschig. »Das kommt vom Ausbau im gebrauchten Holzfass und vom langen Hefelager im Fass inklusive Biologischem Säureabbau«, erklärt Anna Spanier, die das kleine Sekthaus mit ihrem Partner Christian Krack führt. Die Tirage, also die Einleitung der Flaschengärung, erfolgt bei Krack erst kurz vor der nächsten Lese. »Riesling ist der Inbegriff unserer Heimat und auch für Sekt die spannendste Sorte, weil sie die Herkunft Pfalz zum Ausdruck bringt. Sie verdient auch im Schaumweinbereich mehr Aufmerksamkeit«, bekräftigt Spanier.

Das junge Paar bewirtschaftet zwei Hektar eigene Rebflächen, von drei befreundeten Winzern werden Trauben zugekauft. Tatkräftige Unterstützung kommt von Christians jüngeren Brüdern, den Zwillingen Axel und Felix, aber auch von Christians Eltern, die sich mit ihrer »Sektkellerei Am Turm« durch Lohnversektung einen Namen gemacht haben. Krack ist Mitglied im »Verband Traditioneller Sektmacher«, und das erklärte Ziel heißt, deutschen Sekt wieder an die Spitze zu bringen.

Sekthaus Krack | Heumarktstraße 20 | 67146 Deidesheim |
Tel. +49/6326/989030 | info@krack-sekt.de | krack-sekt.de | €€

20
18
KRACK
SEKTHAUS IN DEIDESHEIM
Riesling
BRUT
TRADITIONELLE FLASCHENGÄRUNG

13 Seltenes Farbenspiel

Roter Riesling Brut Nature

Ein Frankfurter Investmentbanker mit einem Faible für historische Rebsorten? In der Tat. Ohne familiären Background und ohne Weinbau-Ausbildung gründete Sascha Magsamen 2010 das Start-up-Weingut »Meine Freiheit« – als Ausgleich zur digitalen Welt des Geldes. Sein Interesse an alten, seltenen Sorten führte dazu, dass heute in besten Rheingauer Lagen nicht nur der omnipräsente Riesling, sondern auch Roter Traminer, Gelber Orleans und Roter Riesling stehen. Und aus letzterem macht Betriebsleiterin Sabrina Schach einen wunderbaren flaschenvergorenen Sekt.

Roter Riesling ist eine Weißweinsorte mit rötlicher Beerenschale, die lange als »Urform« des (Weißen) Rieslings galt. Erst vor wenigen Jahren ergaben Forschungen, dass es genau umgekehrt ist und Roter Riesling durch Farbmutation aus dem Riesling hervorging. Vor 20 Jahren war er fast ausgestorben, heute gibt es in Deutschland wieder an die 50 Hektar – davon 1,5 Hektar am Weingut Meine Freiheit, gepflanzt 2013 bis 2015 in drei verschiedenen Lagen. Schach ist vom Roten Riesling fasziniert: »Je nach Standort sehen seine reifen Beeren ganz unterschiedlich aus. Ihre Farbe variiert von rötlich grau, lila bis hin zu orangen Tönen.« Letztlich ist die Farbe der Trauben für den Wein aber egal, denn die Farbstoffe in den Schalen des Roten Rieslings sind derart instabil, dass auch bei langem Maischekontakt immer ein Weißwein herauskommt.

Im Vergleich zum Riesling besitzt der Rote Riesling mehr Extrakt, ist also etwas fülliger, auch rotfruchtig. Für Sekt eigne sich die zugängliche Sorte sehr gut, wenngleich er zu goldener Farbe und zarten Reifenoten neige, so Schach. Mit viel Fruchtschmelz und seiner Tendenz zur Molligkeit schmeckt er als Brut Nature – ganz ohne Restsüße – herrlich balanciert. Meine Freiheit macht etwa 30 Prozent Sekt, Tendenz steigend – schließlich hat man sich mit Sabrina Schach eine Sektspezialistin ins Team geholt.

Weingut Meine Freiheit | Rheinstraße 3 | 65375 Oestrich-Winkel | Tel. +49/6723/9980420 | info@weingutmeinefreiheit.de | weingutmeinefreiheit.de | €€

MEINE FREIHEIT
GEGR. 2010
WEINGUT
ROTER RIESLING
SEKT
2017
BRUT NATURE

14 Ohne Kompromisse

Pinot Kirchenstück Réserve Brut Nature

Früh packte Volker Raumland die Faszination für Sekt: Anfang der 80er Jahre, zu einer Zeit, als eigentlich niemand an hochwertigen deutschen Schaumwein nach Traditioneller Flaschengärung glaubte, gründete er sein Sektgut. Seither hat er Großes geleistet für den deutschen Sekt, ihn aus der Versenkung hervorgeholt und sein Image aufpoliert. Zehn Hektar Bio-Rebfläche, vor allem Burgundersorten, bewirtschaftet Raumland heute. Seit 2019 unterstützen ihn seine Töchter Katharina und Marie-Luise tatkräftig. »Leidenschaft für Sekt ist das, was uns antreibt – und das, was wir in anderen entfachen wollen«, betont Marie-Luise Raumland, »wenn es um die Qualität geht, gehen wir keine Kompromisse ein! Wir möchten mit unseren Sekten Emotionen wecken und andere begeistern.« Tatsächlich fällt es leicht, sich für die Raumland-Sekte zu begeistern. Sie spielen in der Weltklasse und gelten nicht umsonst als Benchmark.

Als erstes reines Sektgut wurde Raumland 2020 in den »Verband Deutscher Prädikatsweingüter« (VDP) aufgenommen. Maßgeblich beteiligt war Volker Raumland an der Entwicklung des VDP-Sekt-Statuts. Sein erster offizieller »VDP.Sekt.Prestige« stammt von der kalkhaltigen Großen Lage Kirchenstück in Hohen-Sülzen. Die 2011er Réserve von Pinot Noir lag ganze 96 Monate auf der Hefe und kam 2021 in den Verkauf.

Marie-Luise Raumland erzählt: »Bei der Verkostung des Jahrgangs 2011 sagte mein Vater damals, dass dieser Wein ganz besonders sei und sich durch seine Ausdrucksstärke, die prägnante Säurestruktur und seine Komplexität komplett von allen anderen Pinots unterscheide. So fiel die Entscheidung für einen reinen Lagensekt. Zehn Jahre später wissen wir: Das war richtig.« Raumlands Kirchenstück Brut Nature zeigt helles Brioche, würzig-warme Zitrusfrucht in der Nase, sahnige Nussigkeit und rote Früchte, Präzision, Tiefgang und superfeine Perlen. Dieser Ausnahmesekt wird nur von Top-Jahrgängen hergestellt.

Sekthaus Raumland | Alzeyer Straße 123c | 67592 Flörsheim-Dalsheim | Tel. +49/6243/908070 | info@raumland.de | raumland.de | €€€

RAUMLAND
90
SEKT RÉSERVE
2011
RAUMLAND
SEKTHAUS
PINOT
KIRCHENSTÜCK
Brut Nature

15 Pi No? Oh Ja!

π No. Rosé Extra Brut

Der Name ist ungewöhnlich, aber einprägsam. Der griechische Buchstabe π (Pi) ergibt in Kombination mit No. ein klares »Pinot«, was international für die Burgunder-Gruppe steht – Pinot Noir, Pinot Blanc, Pinot Gris et cetera. Da aber der Chardonnay offiziell nur noch als enger Verwandter zählt, darf bei einer Burgunder-Cuvée mit Chardonnay-Beteiligung der Familienname »Pinot« nicht am Etikett prangen. Hansjörg Rebholz, nicht auf den Kopf gefallen, überlegte sich eine schicke Lösung: π No. war geboren. Diese Sekte gibt es nur in für Schaumweine besonders geeigneten Jahren, also in kühlen Jahrgängen mit straffer Säurestruktur. Solch einer war der 2013er, und der gelangte 2021 als π No. Rosé Extra Brut auf den Markt. Im Stil eines großen Jahrgangs-Champagners vinifiziert, durfte er ganze 70 Monate in der Flasche auf der Hefe reifen. »Weine vom Typ Rebholz brauchen oft Zeit, um all ihre Stärken zu entwickeln«, lautet einer der Leitsprüche der »Rebhölzer«.

Das VDP-Weingut steht für charakterstarke Weine, vor allem von Riesling und den Burgundersorten, aber auch die Lust, Neues auszuprobieren, treibt die Familie rund um Birgit und Hansjörg Rebholz an. Abseits der klassischen Weine nach der Qualitätspyramide des VDP widmen sie sich zum Beispiel der spannenden Linie »R«, die im kleinen Eichenholzfass ausgebaut wird. Zu dieser Linie gehört auch der π No. Rosé 2013, der in gebrauchten Barriques vergärte. Die Assemblage, das Verschneiden der Grundweine, fand nach neun Monaten statt, im Anschluss die Klassische Flaschengärung sowie die jahrelange Reifung *sur lattes*. Beim Dégorgement erfolgte keine weitere Dosage. Feiner Hefeduft nach Brioche und hellen Nüssen spielt bei diesem Winzersekt mit floralen Erdbeernoten; am Gaumen erfrischend, cremig, feinperlig und anregend. Lagerfähig und höchst komplex wird dieser hervorragende Sprudel noch lange Freude bereiten.

Weingut Ökonomierat Rebholz | Weinstraße 54 |
76833 Siebeldingen | Tel. +49/6345/3439 | wein@oekonomierat-rebholz.de |
oekonomierat-rebholz.de | €€€

R
HANSJÖRG REBHOLZ
π No. ROSÉ
13

16 Kontrollverlust in Franken

Pure & Naked Pet Nat

Hipstergetränk, die neue Lässigkeit, picknicktauglicher Trinkspaß oder ernsthafte Alternative zum Sekt? Pet Nat kann all das sein und begeistert immer mehr Menschen. Doch auch beim Pet Nat gilt es zu differenzieren. Die Bandbreite reicht von todlangweilig – das sind jene, die mit klebriger Restsüße nicht viel anders schmecken als naturtrübe Limonade – über durstlöschend und simpel bis hin zu witzig und straff. Letzteres trifft auf den knochentrockenen »Pure & Naked« vom Weingut Am Stein in Würzburg zu. Er liefert die perfekte Erfrischung für Aroma-Fans. Sauvignon Blanc und Cabernet Blanc sorgen für eine intensive grünwürzige Tropenfrucht nach Maracuja, Zitrus, Minze und Johannisbeerblättern. Der »Pure & Naked« ist mundwässernder Trinkgenuss in biodynamischer Qualität, der aus purer Lust am Experimentieren entstand. Denn bei der Herstellung von Pétillant Naturel, kurz Pet Nat, gibt der Winzer freiwillig einen Teil der Kontrolle ab.

Wie entstehen also die »natürlichen Perlen«? Auch Pet Nat gärt in der Flasche. Dabei handelt es sich allerdings nicht um eine zweite Gärung wie bei der Méthode Traditionnelle, sondern um den Abschluss der ersten. Das heißt, frischer, noch gärender Most – in Deutschland »Federweißer« und in Österreich »Sturm« genannt – wird in Sektflaschen gefüllt und dann mit Kronkorken verschlossen. Die große Herausforderung für die Winzer ist, den richtigen Zeitpunkt zu erwischen, denn dieser Most sollte weder zu wenig noch zu viel Zucker enthalten. Bei geringem Restzucker stoppt die Gärung nämlich zu früh, und der Pet Nat bleibt süß, bei zu viel Zucker droht zu hoher Kohlensäuredruck in der Flasche und damit Explosionsgefahr! An diesem »lustvollen Kontrollverlust« haben immer mehr Winzer ihren Spaß, und die Vielfalt der Pet Nats am Markt stieg zuletzt gewaltig. Der »Pure & Naked« ist unter Fans bereits ein gefragter Klassiker.

Weingut Am Stein – Ludwig & Sandra Knoll | Mittlerer Steinbergweg 5 | 97080 Würzburg | Tel. +49/931/25808 | mail@weingut-am-stein.de | weingut-am-stein.de | €€

PURE &
NAKED
PET NAT
WEINGUT AM STEIN

17 Kein Aperitif-Sektchen

Geisenheimer Rothenberg Riesling Brut

Kühle, Feinheit und Eleganz, gepaart mit unserem ureigenen Verständnis von Rieslingsekt in der Premiumkategorie, so beschreibt Christoph Graf, Vertriebsleiter von Schloss Vaux, den Lagensekt vom Geisenheimer Rothenberg. Diese streng limitierte Spezialität aus dem Rheingau gibt es erst seit dem Jahrgang 2016. Herrlich kommt hier einerseits der Sortencharakter von Riesling zum Ausdruck, andererseits das Terroir der bereits im 12. Jahrhundert schriftlich erwähnten Steillage Geisenheimer Rothenberg mit ihrem durch Eisenoxid rötlich gefärbten Boden.

Wie alle Schloss-Vaux-Sekte nach Méthode Traditionnelle hergestellt, verbringt der Riesling Brut vom Geisenheimer Rothenberg 39 Monate auf der Hefe. Die feine Rieslingfrucht ergänzen steinige und kräuterige Noten, auch viel Zitrusfrucht und feine Würze. Dichte Perlage, fast samtige Textur und Cremigkeit prägen den Gaumen. Rieslingtypische Frucht mischt kräftig mit, und genau so soll es laut Graf auch sein: »Wir haben ziemlich einzigartige Bedingungen, um trockene, aber fruchtige Sekte herzustellen. Riesling ist dafür eine herausragende Rebsorte, die leider zu oft hinter den ›Burgundern‹ aufgrund der scheinbar fehlenden Autolysenoten zurückstecken muss. Sie kann aber wirklich große, eigenständige Sekte. Wir brauchen ein neues Selbstbewusstsein und die Überzeugung, dass Rieslingsekt nicht nur ein Aperitif-Sektchen ist – bei den Sektmachern wie auch bei den Verkostern. Der Maßstab für wirklich große Geschichten sollte nicht immer ein von der Champagne geprägter Geschmacksstil sein!«

Etwa 80.000 Flaschen Rieslingsekt erzeugt das traditionsreiche Schloss Vaux jährlich. Der Großteil der Trauben stammt aus Zukauf, aber sechs Hektar Riesling befinden sich im Eigenbesitz, wie auch die Lagen am Geisenheimer Rothenberg. Patentrechtlich geschützt ist die eigens für Vaux kreierte Sektflasche, ausgestattet mit Kellertafel und Siegel.

Sektmanufaktur Schloss Vaux | Kiedricher Straße 18a | 65343 Eltville | Tel. +49/6123/62060 | kontor@schloss-vaux.de | schloss-vaux.de | €€€

VAUX
SCHLOSS VAUX
VAUX
SEKT·MANUFAKTUR
GEISENHEIMER
ROTHENBERG
RIESLING BRUT
2017
LIMITIERT : 1.260 FLASCHEN

Frankreich

Ein Hoch auf den Winzerchampagner!

Champagne

Die feinsten aller Bläschen kommen aus der Champagne, und an ihr misst sich traditionell die Schaumweinwelt. Stillstand herrscht in der Champagne aber keineswegs. Bekannte Häuser wie Veuve Clicquot, Moët & Chandon und Pommery beherrschen nach wie vor den Markt, doch um Längen interessanter finden wir, was sich bei den unabhängigen Winzern tut – den kleinen, handwerklich arbeitenden Familienbetrieben mit ihren unglaublich spannenden und individuellen Weinen. Hier gibt es viel Bewegung und wahnsinnig viel zu entdecken, schließlich umfasst die Champagne 34.000 Hektar – die kleinräumigen Unterschiede im Hinblick auf Böden, klimatische Gegebenheiten und Rebsorten sind beträchtlich.

Terroirausdruck, ein eigenständiger ungeschminkter Stil und Jahrgangsunterschiede zählen heute mehr denn je. Viele Winzer setzen auf niedrigere Erträge und vollreife Trauben, füllen zum Teil Einzellagen ab, arbeiten mit geringen Dosagen à la Extra Brut und Brut Nature, immer öfter biologisch oder biodynamisch, und manche widmen sich sogar den »vergessenen Sorten« der Champagne (siehe Nummer 18, 25, 32). Als Trendgebiet im Süden erregt die Côte des Bar (siehe Nummer 25, 27, 33) Aufmerksamkeit, die lange im Schatten der Côte des Blancs und der Montagne de Reims stand. Dort sorgt Pinot Noir für struktur- und fruchtbetonte Weine mit Volumen und frischer Säure. Das Vallée de la Marne tritt hingegen mit dem Meunier immer stärker ins Rampenlicht (siehe Nummer 28, 31). Unser Fokus auf Winzerchampagner bedeutet nicht, dass wir die Champagnerhäuser verteufeln – denn natürlich haben auch sie die Qualität im Fokus und treiben viele Dinge voran. Alle Achtung, wenn zum Beispiel Roederer seine 240 Hektar biozertifzieren lässt.

Unser Tipp: Finger weg vom Discounter-Champagner, denn sein Grundwein stammt in der Regel nicht aus der ersten, sondern aus der zweiten Pressung der Trauben. Dieser Rest, »taille« genannt, ist einfacher gestrickt und hat nichts mit jener Qualität zu tun, die wir Ihnen ans Herz legen wollen.

18 Im Gemischten Satz vereint

Complantée Grand Cru Extra Brut

Chardonnay, Pinot Noir und Meunier. So heißen die Sorten der Champagne. Ja, diesen dreien gehören 99 Prozent der Fläche, aber Aufmerksamkeit verdienen auch die *vieux cépages*, historische Rebsorten – in Ungnade gefallen und fast in Vergessenheit geraten. Einzelne Winzer jedoch haben diese Raritäten, die Biodiversität im Blick, wiederbelebt. Einer von ihnen ist Pascal Agrapart, dessen Weingut sich in Avize, im Herzen der Côte des Blancs, befindet. In dem für seine puren weißen Kreideböden berühmten Gebiet dominiert klar der Chardonnay mit 98 Prozent. Agrarpart hat zwölf Hektar davon, ein klein bisschen Pinot Noir sowie einen ganz besonderen Weingarten, der nur einen Viertel Hektar groß ist. Dort pflanzte er 2003 sechs verschiedene Rebsorten, und so wurzeln in diesem großartigen Terroir neben den üblichen Verdächtigen auch Arbane, Petit Meslier und Pinot Blanc. Sie alle spielen in Agraparts »Complantée« – einem Gemischten Satz – hervorragend zusammen. Die spätreifende Arbane behält zum Beispiel auch in Zeiten des wärmeren Klimas eine markante Säure, und auch der empfindliche Petit Meslier liefert viel Frische.

Agrapart verfolgt das Ziel des größtmöglichen Terroirausdrucks. Den Complantée setzte er nicht nur im Bestreben, die Sortenvielfalt zu fördern, sondern auch, um zu zeigen, dass mit zunehmendem Alter der Reben immer mehr das Terroir die Oberhand gewinnt – ganz unabhängig von den Sorten. Der Complantée besteht stets aus zwei Jahrgängen und ist mit bis zu fünf Gramm pro Liter dosiert. Helle hefige Noten und etwas Brioche in der Nase gehen in »nassen Stein« über; am Gaumen spielen Zitronenzesten, Brotiges und Salzkaramell, feinste Perlage, kompakte Feingliedrigkeit und zarter Schmelz auf hohem Niveau.

Wenig preissensiblen Finesse-Trinkern sei zudem Agraparts Blanc de Blancs Brut Nature »Vénus« empfohlen – benannt nach dem Pferd, das hier im Einsatz ist.

Champagne Agrapart et Fils | 57 Avenue Jean Jaurès | 51190 Avize |
Tel. +33/3/26575138 | www.champagne-agrapart.com | €€€€

AGRAPART
CHAMPAGNE
AGRAPART

19 Balanciert undosiert

Roche Mère Brut Nature

Die gängigste und beliebteste Geschmacksrichtung bei Champagner ist »Brut«. Der Süßegrad »Brut« reicht bis zu zwölf Gramm pro Liter Dosage, die im letzten Schritt der Herstellung – meist in Form eines Zucker-Wein-Gemischs – hinzugefügt wird. Sie rundet den Champagner ab, puffert hohe Säurewerte und verleiht mehr Charme. Heute jedoch geht der Trend zu geringeren Dosagen und vor allem beim Winzerchampagner zum krachtrockenen »Brut Nature« und »Zero Dosage«. Dieser puristische, erfrischende Stil erfreut sich sowohl bei Champagner-Fans als auch bei den Winzern selbst immer größerer Beliebtheit. Derart ungeschminkt kommen auch die Ecken und Kanten eines Champagners zum Vorschein – Brut Nature stellt daher hohe Anforderungen an die Qualität der Trauben. Dass im Zeichen der globalen Erwärmung die perfekte Traubenreife auch im kühlen Klima der Champagne problemloser als noch vor 30 Jahren erreicht wird, ist derzeit kein Nachteil.

Ein sehr gelungener – und sehr erschwinglicher – Vertreter eines Brut Nature von der Montagne de Reims ist der Roche Mère von Yann Alexandre, einem Winzer, der immer noch als Geheimtipp gilt. Nach Weinbau- und Önologiestudium übernahm er 1999 den Familienbetrieb. Der lieferte früher Weine an das renommierte Haus Krug, jetzt behält Alexandre das Beste lieber selbst. Sechs Hektar Reben sind über 28 verschiedene Parzellen in neun Dörfern verteilt. Alexandre betrachtet und bearbeitet jede einzelne Parzelle individuell, stellt die Balance im Weingarten und die perfekte Reife der Trauben in den Fokus. Der Roche Mère von 45 Prozent Meunier, 40 Chardonnay und 15 Pinot Noir verbringt sechs Jahre auf der Hefe. Er ist knochentrocken und fokussiert, doch keineswegs karg, sondern dicht und samtig strukturiert. Feine Hefenoten, gelbe Früchte und salzige Mineralität zeigen sich in einem brotig-weinigen Stil, angenehm herb im Finish.

Champagne Yann Alexandre | 3 Rue St. Vincent | 51390 Courmas | Tel. +33/6/81038179 | champagneyannalexandre@orange.fr | champagneyannalexandre.fr | €€€

CHAMPAGNE
Yann Alexandre
ROCHE MÈRE
BRUT NATURE
À COURMAS

20 Natural en vogue

Seconde Nature Premier Cru Non Dosé

Als »eher konservativ« galt der Stil von Bonnet-Ponson. Dann kam Cyril Bonnet, hatte andere Ideen und sorgt nun mit Champagner im Natural-Stil für Furore. Das ist aber nur die Kurzfassung. Tatsächlich macht die Familie Bonnet schon seit 1862 Champagner in der Montagne de Reims. Grégoire Bonnet war damals sogar der erste »Récoltant Manipulant« in Chamery. Mit der Heirat von André Bonnet und Monique Ponson entstand 1957 die Domaine Bonnet-Ponson, die im Lauf der Jahre auf neun Hektar Rebfläche wuchs. Ab 1979 entwickelte ihr Sohn Thierry das Weingut weiter, markante Veränderungen kamen aber mit der nächsten Generation.

Cyril Bonnet kehrte nach dem Önologiestudium und einiger Zeit als Rotweinmacher im Südwesten Frankreichs 2013 zurück und stellte nicht wenig auf den Kopf. Er leitete sowohl die Biozertifizierung als auch einen radikalen Stilwandel im Keller ein. Der barocke, körperreiche, mit kräftiger Dosage versehene Stil musste dem Streben nach mehr Terroirausdruck und Zero Dosage weichen. Spontangärung, keine Filtration, keine Zusätze und minimale Schwefelgaben gehören seit 2015 zu Cyril Bonnets Low-Intervention-Philosophie. Im Weingarten unterstützen Pflanzenauszüge von Brennnessel, Beinwell und Schachtelhalm die Gesundheit der Reben.

Kann man Bonnet-Ponsons Champagner also zu Natural Wines zählen? Bonnet bejaht: »Ich sehe uns gern als Teil der Natural-Wine-Szene, möchte aber betonen, dass mir am wichtigsten ist, gute, fehlerfreie Weine zu machen. Deshalb arbeite ich zum Teil mit Schwefel, wenn auch in sehr niedriger Menge.« Sein »Seconde Nature« kommt allerdings völlig ohne SO_2 aus. Mit Haselnuss-Würze, frischer, zestiger Frucht und schnittiger Säure wirkt dieser Brut Nature extrem mundwässernd, hat feinste Perlen und eine salzig-mineralische, saftige Länge. »Seconde Nature« braucht ein großes Glas, um seine Komplexität und seine seidige, reliefartige Textur optimal zu entfalten.

Champagne Bonnet-Ponson | 9 Chemin du Peuplier | 51500 Chamery | Tel. +33/3/26976540 | champagne.bonnet.ponson@wanadoo.fr | champagne-bonnet-ponson.com | €€€€

CHAMPAGNE
Bonnet-Ponson
CHAMPAGNE
SECONDE
CHAMERY PREMIER CRU
NATURE
Bonnet - Ponson

21 Puristisches aus Les Riceys

Rosé de Saignée Les Riceys Brut

Nach einer Banker-Karriere kehrt Elise Dechannes 2008 in ihre Heimat zurück – nach Les Riceys an der Côte des Bar, wo Vater und Bruder den Betrieb Dechannes Père et Fils führen. Elise' Ideen vom Bioweinbau können die beiden nur wenig abgewinnen. So übernimmt sie einen Teil der Weingärten und verfolgt heute als Ein-Frau-Betrieb auf 4,5 Hektar ihren ganz eigenen Stil.

In Les Riceys, der Pinot-Noir-Hochburg im südlichsten Zipfel der Champagne, hat der stille Rosé de Riceys große Tradition. Auch Dechannes legt viel Wert auf ihre Stillweine, doch eine besondere Spezialität ist die prickelnde Version, der Rosé de Saignée Brut. Anders als die meisten Rosé-Champagner entsteht er nicht durch das Verschneiden von Weißwein mit einer kleinen Menge Rotwein – was in der Champagne ausdrücklich erlaubt ist. Nein, einen Rosé de Saignée gewinnt man aus roten Trauben, in diesem Fall von Pinot Noir. Der Most bleibt bei Dechannes einige Stunden auf den Beerenschalen und erhält während dieser Mazerationszeit genügend Farbstoffe für einen kräftigen Rosé; dann wird abgepresst. Diese Methode ist aufwendiger und daher viel seltener als das Cuvéetieren von Weiß mit Rot, doch im Bereich der Winzerchampagner begegnet man ihr nun wieder häufiger.

Beim Kontakt mit der Maische nimmt der Most nicht nur Farbstoffe, sondern auch Aromen und Gerbstoffe auf. Tannine im Schaumwein sind grundsätzlich mit Vorsicht zu genießen, denn in Verbindung mit der Kohlensäure wirken sie am Gaumen bitterer, als sie eigentlich sind. Im Fall von Dechannes' Rosé de Saignée Brut ist diese Gratwanderung hervorragend gelungen. Hagebutten, Kräuter, Wacholder und kandierter Ingwer im Duft stimmen auf den cremigen, von viel Struktur geprägten Gaumen ein, der fast Rotweincharakter hat. Neun Gramm Dosage hüllen die Tannine ein und sorgen für super Trinkfluss.

Elise Dechannes | 22 Rue de la Nation | 10250 Gyé sur Seine |
Tel. +33/3/51632036 | elisedechannes@gmail.com | elisedechannes.com | €€€

Elise Dechannes
ROSÉ
CHAMPAGNE

22 Es lebe die Mykorrhiza!

Mycorhize Grand Cru Extra Brut

Alte Reben wurzeln tief. Ihr weitverzweigtes Wurzelsystem versorgt sie mit Wasser und Nährstoffen. Eine ganz besondere Rolle spielt dabei die Mykorrhiza, das Pilzgeflecht im Boden, das den Feinwurzelbereich besiedelt. Pilze und Pflanzen gehen eine Symbiose ein. Die Pilze verbessern die Aufnahme von Nährstoffen und Wasser und erhalten im Gegenzug von der Pflanze bei der Photosynthese erzeugte energiereiche Assimilate. Die dünnen Hyphen, die Fäden der Pilze, können in feinste Bodenpartikel eindringen und Nährstoffe entnehmen, an welche die Pflanze sonst nicht herankommt. Auf gleiche Weise wirkt die Mykorrhiza positiv auf die Wasserversorgung der Reben und erhöht so die Widerstandskraft bei Trockenheit. Das nützliche Pilzgeflecht ist aber empfindlich. Für das schonende Arbeiten im Weingarten eignen sich besonders Pferde – anstatt eines Traktors, der den Boden verdichtet.

Nun ist unschwer zu erraten, dass De Sousas Mycorhize nach der wertvollen Mykorrhiza benannt ist. Die Trauben stammen von über 60-jährigen Chardonnay-Reben in der Lage Les Hauts Nemery in Avize, wo Julie De Sousa mit ihren Pferden Vidoc und Capucine arbeitet und so das Bodenleben fördert. Vater Erick De Sousa ist einer der großen Pioniere der Biodynamie in der Champagne. Das heute Demeter-zertifizierte Weingut hat er bereits an seine drei Kinder Charlotte, Julie und Valentin übergeben. Der Champagner-Stil von De Sousa ist elegant, komplex, dicht und substanzreich. Auch der Mycorhize spielt alle Stückerln. Der Grundwein wurde im Holz ausgebaut, etwa 25 Prozent stammen aus einer Réserve Perpétuelle, und die Dosage ist mit drei Gramm sehr niedrig gehalten. Feines Biskuit, dahinter viel Würze, Akazien und Mandeln in der Nase, salzige reife Zitrusfrüchte, tolle Substanz und ein saftiger Säurezug charakterisieren diesen warmherzigen und finessenreichen Blanc de Blancs. Großes Kino!

Champagne De Sousa | 12 Place Léon Bourgeois | 51190 Avize | Tel. +33/3/26575329 | contact@champagnedesousa.com | champagnedesousa.com | €€€€

Mycorhize

23 Einstiegshilfe

Prestige Blanc de Blancs Brut

Diebolt-Vallois' »Cuvée Prestige« ist ein herrlicher Einstieg in die Welt der Winzerchampagner: hefig-brotige Noten, wie man sie von Champagner erwartet, eine feine Perlage und eine unaufdringliche, perfekt eingebaute Dosage von fünf Gramm. Am Gaumen überrascht der hundertprozentige Chardonnay mit Schmelz und Charme sowie feiner Präzision. Das altmodisch-geschmackvolle Etikett arrondiert das wunderbare Gesamterlebnis.

Jacques Diebolt macht schon seit 1959 Champagner in der Grand-Cru-Gemeinde Cramant. Wie an der Côte des Blancs üblich dominiert auch bei Diebolt-Vallois der Chardonnay, und zwar zu 95 Prozent. Heute hat die nächste Generation, Isabelle und Arnaud, die Hauptaufgaben am 13-Hektar-Weingut übernommen, das immer für konstant hohe Qualität stand. Das exklusive Aushängeschild von Diebolt-Vallois ist der lagerfähige Champagner »Fleur de Passion«, der von alten Weinstöcken in den hochwertigsten Parzellen der Côte des Blancs kommt.

Die Cuvée Prestige stammt ebenfalls von drei berühmten Grand-Cru-Terroirs der Côte des Blancs: Cramant, Chouilly und Le Mesnil. Die »Échelle des Crus«, ein altes Klassifizierungssystem, nach dem man die Traubenpreise festlegte, hat heute an sich ausgedient. Aber über lange Zeit galt der Traubenpreis der insgesamt 17 Grand-Cru-Gemeinden der Champagne als 100-Prozent-Marke. Je nach Einstufung – Premier Crus zwischen 90 und 99 Prozent und der große Rest zwischen 80 und 89 Prozent – ermittelte man die übrigen Preise entsprechend prozentual. Heute überlässt man die Preisfindung dem freien Markt, doch bietet die Échelle des Crus nach wie vor Orientierung. Detail am Rande: Diebolt-Vallois trägt am Etikett nicht den Status R.M. (Récoltant Manipulant), sondern N.M. (Négociant Manipulant), da auch Trauben von Familienmitgliedern zugekauft werden. Das ändert nichts daran, dass hier ein kleiner, handwerklich arbeitender Familienbetrieb am Werk ist.

Champagne Diebolt-Vallois | 84 Rue Neuve | 51530 Cramant |
Tel. +33/3/26575492 | contact@diebolt-vallois.com | diebolt-vallois.com | €€€

Blanc de Blancs
PRESTIGE
CHAMPAGNE
Diebolt-Vallois
à CRAMANT
BLANC DE BLANCS
PRESTIGE
EXTRA BRUT

24 Feuerstein und Kreide

Le Mont Aimé Premier Cru Cœur de Terroir

Die Côte des Blancs, die sich von Épernay gut 20 Kilometer nach Süden erstreckt, ist wohl das bekannteste Gebiet der Champagne. Ihr Name deutet es an: Hier wächst fast ausschließlich Chardonnay. Weiß sind aber nicht nur die Trauben, sondern auch die Kreideböden auf dem porösen Kalkgestein, das immer wieder an die Oberfläche tritt. Die Côte des Blancs gilt auch als Hochburg der Einzellagen-Champagner. Einer, der unterschiedliche Terroirs meisterhaft in die Flasche bringt, ist Pascal Doquet. Nachdem er sich 2004 vom Familienbetrieb löste, gründete er sein eigenes Weingut und arbeitete von Anfang an mit Fokus auf den Weingarten nach biologischen und biodynamischen Prinzipien.

Genuss auf höchstem Niveau bescheren seine drei Vintage-Champagner: Vertus, Le Mesnil-sur-Oger und Le Mont Aimé. Mit dem 240 Meter hohen Mont Aimé endet die Côte des Blancs im Süden. Als »butte-témoin« oder Zeugenberg steht er durch Erosion isoliert vom Hügelzug der übrigen Côte des Blancs. Auch seinen Boden prägt die omnipräsente Kreide, ergänzt von einer Mischung aus Sand, Mergel und – hier einzigartig – Feuerstein, dem sogenannten »Silex«. Er verleiht den Weinen eine ganz spezielle »flintige« Mineralik. Doquet besitzt am Mont Aimé mehr als einen Hektar Reben und schätzt die steinige Lage sehr. »Es gibt hier nicht viel Oberboden, die Reben wurzeln fast direkt in der Kreide«, erzählt er Peter Liem im großartigen Buch »Champagne«. Die Lage sei kühler und bringe sehr filigrane, elegante Weine hervor. Doquet gibt dem Le Mont Aimé viel Zeit, lässt ihn mindestens sieben Jahre auf der Hefe reifen. Der Jahrgang 2007 zeigt sich heute mit nussigen und buttrigen Anklängen, von zarter Holzwürze beeinflusst, sehr präzise und straff strukturiert, mit herb-rauchiger Note, fordernd mineralischem Zug und höchst elegant. Im Abgang bindet sich eine Vanillenote in das komplexe Aromenspiel ein. Faszinierend delikat!

Champagne Pascal Doquet | 4 Chemin du Moulin, de la Cense Bizet | 51130 Vertus | Tel. +33/3/26521650 | contact@champagne-doquet.com | champagne-doquet.com | €€€€

PREMIER CRU
2008
CHAMPAGNE
Pascal Doquet
LE MONT AIMÉ
PREMIER CRU
CŒUR DE TERROIR
PREMIER CRU
2008
CHAMPAGNE
Pascal Doquet
LE MONT AIMÉ
PREMIER CRU
CŒUR DE TERROIR

25 Der Boden ist König

Soléra Brut Nature

Les Riceys – viel weiter südlich geht es nicht in der Champagne. Nach Chablis sind es nur 60 Kilometer, während Reims, die Hauptstadt der Champagne, dreimal so weit entfernt liegt. In Les Riceys gab es früher weniger Prickelndes, sondern vielmehr Stilles. Als einzige – und mit 866 Hektar Reben größte – Gemeinde der Champagne besitzt Les Riceys drei Appellationen: Champagne, Côteaux Champenois und Rosé des Riceys.

Der großen Stillwein-Tradition entsprechend startete Olivier Horiot am elterlichen Betrieb im Jahr 2000 mit Rosé des Riceys und Côteaux Champenois in Weiß und Rot. Nicht nur die Einzellagen-Weine, wie der ausdrucksstarke Rosé des Riceys en Barmont, sind überaus begehrt. Seinen ersten Champagner stellte Horiot 2004 aus Pinot Noir her. An der Côte des Bar entwickelte sich zu dieser Zeit eine überaus kreative und engagierte Winzerszene, und Horiot wurde einer der Hauptprotagonisten. Er stellte auf biodynamischen Weinbau um und entdeckte seine Leidenschaft für die vergessenen Sorten der Champagne, denen er heute bereits zwölf Prozent seiner Flächen gewidmet hat. Zu den drei bekannten, Pinot Noir, Chardonnay und Meunier, gesellen sich Arbane, Petit Meslier, Pinot Blanc und Fromenteau (Pinot Gris).

Alle sieben Rebsorten setzte Horiot 2010 gemeinsam in einem Weingarten aus – unter dem Motto: *»Le sol est roi.«* – »Der Boden ist König.« So soll das Terroir, wie in Chablis vom Kimmeridgekalk geprägt, größten Ausdruck finden. Horiot baut diesen Wein als »Réserve Perpétuelle« aus und nennt ihn »Soléra«. Von einem Fass wird jährlich eine gewisse Menge abgefüllt und mit dem neuen Jahrgang aufgefüllt. »Soléra« beginnt mit reduktiven, rauchigen und blättrigen Noten, ist am Gaumen stoffig und kraftvoll, erinnert an Rhabarber und Erdbeeren, ist angenehm rustikal und erdig, aber zugänglich. Horiot erntet vollreife Trauben; sein individueller ungeschminkter Stil braucht keine Dosage.

Champagne Olivier Horiot | 25 Rue de Bise | 10340 Les Riceys Bas |
Tel. +33/3/25293216 | champagne@horiot.fr | horiot.fr | €€€€

Soléra
Produit de France
CHAMPAGNE
1 SOL
7 CÉPAGES
Soléra
Olivier Horiot
LES RICEYS

26 Zwei kleine Buchstaben

Tradition Extra Brut

RM, NM, CM – Zeit, den Champagner-Code zu knacken! Diese kleinen Buchstaben liefern nämlich spannende Infos. Fast alle Champagner in diesem Buch tragen am Rückenetikett das Kürzel »RM« – für Récoltant Manipulant. Das ist ein Winzer, wie Lelarge-Pugeot, der Champagner aus eigenen Trauben am eigenen Betrieb herstellt. »NM« lautet hingegen der Code für ein Handelshaus, das Trauben zukauft, ein Négociant Manipulant, wie die bekannten Marken Moët & Chandon, Roederer oder Veuve-Cliquot. Und für Genossenschaften gilt der Code »CM«, Coopérative de Manipulation. Was RC, ND und MA bedeuten, steht im Glossar, denn hier geht es ja um Lelarge-Pugeot.

Die Familie widmet sich in Vrigny, auf den sanften Hängen der Petite Montagne de Reims, seit über 200 Jahren dem Weinbau. Wie üblich verkaufte man die Trauben an eines der großen Champagnerhäuser, aber das Streben nach Unabhängigkeit setzte früh ein. Raymond Lelarge füllte bereits 1930 eigenen Champagner in Flaschen. Mitte der 80er Jahre übernahm sein Enkel Dominique mit seiner Frau Dominique das Weingut. Unter dem neuen Namen Lelarge-Pugeot verabschiedeten sie sich von Übererträgen und dem allzu sorglosen Einsatz von Chemie und Spritzmitteln. Nach und nach hielt der Bioweinbau Einzug. Über viele Jahre stellte Lelarge-Pugeot etwa 10.000 Flaschen Champagner her und lieferte den Rest der Produktion an das Haus Taittinger. Dominique Lelarge fand es aber zunehmend schade, dass seine Bioweine dabei mit anderen – konventionellen – Weinen verschnitten wurden. Er verlängerte den Vertrag mit Taittinger nicht und vermarktet nun Champagner von 8,7 Hektar selbst. Seit 2017 ist das Weingut biodynamisch zertifiziert. Alles ist im Stil Brut Nature oder Extra Brut gehalten; eine spannende Serie vom feinmineralischen »Tradition« über sortenreine Meuniers bis zum ungeschwefelten »Nature et Non Dosé«.

Champagne Lelarge-Pugeot | 30 Rue Saint Vincent | 51390 Vrigny |
Tel. +33/3/26036943 | contact@champagnelelarge-pugeot.com |
champagnelelarge-pugeot.com | €€€

CHAMPAGNE
LELARGE PUGEOT
Tradition

27 Trendsetter im Abseits

Résonance Extra Brut

Wer puristischen, terroirbetonten Winzerchampagner mag, ist bei Dominique Moreau, die ihre kleine Domaine nach ihrer Großmutter Marie Courtin benannte, an der richtigen Adresse. Und diese Adresse befindet sich in Polisot im Departement Aube. Die Côte des Bar in der südlichen Ecke der Champagne stand lange im Abseits, und der Norden blickte auf sie herab, obwohl viele bekannte Häuser Pinot-Noir-Trauben von dort bezogen.

In den vergangenen 20 Jahren aber entwickelte sich die Côte des Bar vom Underdog zum Trendsetter. Eine neue Winzergeneration übernahm das Ruder, eine, die sich wenig um Traditionen und Althergebrachtes kümmern muss, sondern nicht zuletzt dank ihres Außenseitertums eine gewisse Freiheit zum Experimentieren genießt. Die neuen Konzepte reichen vom biologischen und biodynamischen Anbau über die Wiederbelebung historischer Rebsorten bis zum Einsatz von Amphoren im Keller. Viel Struktur, frische Säure und Fruchtfülle gelten als allgemeine Kennzeichen der Côte des Bar.

Dominique Moreau legt Wert auf Rückgrat und Mineralität, schafft es, Frucht und Fülle zu zähmen. Ihre 2,5 Hektar in Polisot pflegt sie nach allen Regeln der Biodynamie und zertifiziert nach Demeter. Ihre Idee von »single vineyard – single grape – single vintage« verfolgt sie grundsätzlich ohne Dosage und mit minimalen Schwefelgaben. Moreaus feiner Einstiegs-Pinot-Noir Résonance zeigt sich individuell und terroirgeprägt. Rotbeerigkeit spielt mit hefigen und feinwürzigen Noten, ein saftiger, weiniger, aber fokussierter Stil, puristisch und straff, mit lebhafter, sehr feiner Perlage. Der fruchtig-cremige Abgang macht Lust auf mehr und vor allem darauf, auch die anderen Marie-Courtin-Champagner kennenzulernen: Présence, Éloquence, Efflorescence und Indulgence Rosé. Ganz nebenbei seien die feinen Champagner des Ehemanns Roland Piollot, der mit dem »Colas Robin« sogar einen sortenreinen Pinot Blanc zu bieten hat, auf das Wärmste empfohlen!

Champagne Marie-Courtin | 13 Rue de Tonnerre | 10110 Polisot |
Tel. +33/3/25385745 | facebook.com/champagnemariecourtin | €€€

Résonance
CHAMPAGNE
MARIE-COURTIN
Extra Brut
– PINOT NOIR –

28 Meunier in der DNA

ADN de Meunier Rosé de Saignée Extra Brut

Das Vallée de la Marne ist Meunier-Land. Viel zu lange gering geschätzt, genießt diese Sorte nun zarten Aufwind. Das liegt an Winzern wie Christophe Mignon, in dessen DNA (französisch »ADN«) der Meunier verankert scheint: »Der Meunier ist immer das Meisterstück meiner Arbeit und Teil meiner Identität als Winzer.«

Mignon spricht von »alternativen Methoden«, wenn er im Weingarten und im Keller nach dem Mondkalender arbeitet, seine Reben mit Pflanzenextrakten und Homöopathie behandelt oder biodynamische Präparate im Weinberg ausbringt. Seit 25 Jahren verzichtet er auf chemische Hilfsmittel, ist Biowinzer durch und durch, der biodynamischen Philosophie und kosmischen Rhythmen zugeneigt. Sein oberstes Ziel sind gesunde, widerstandsfähige Pflanzen, die in der Lage sind, Früchte von höchster Qualität zu tragen – »durch tiefe Verwurzelung in einem lebendigen, nährstoffreichen Boden und durch eine für die Photosynthese optimale Lichteinstrahlung«. Um irgendeine Art der Zertifizierung hat er sich nie bemüht. Um die Natur zu beobachten, von ihr zu lernen, mit ihr zu leben und sich dabei ständig zu verbessern, dafür brauche man keine Zertifizierung, sagt Mignon.

Seine Reben, die ihre Widerstandskraft auszeichnet, wachsen zwischen den Dörfern Festigny und Le Breuil. Seine terroirbezogenen Weine strahlen mit Frucht, Spannung und Frische eine enorme Vitalität aus. Zur Palette der reinsortigen Meuniers zählt auch der Rosé de Saignée von über 50-jährigen Reben, den es in den Varianten Extra Brut und Brut Nature gibt. Nach einer Mazerationszeit von 36 Stunden erscheint er in dunklem Pink, fast hellem Rot. Superknackig und frisch ist die Säure, denn Mignon vermeidet den üblichen Biologischen Säureabbau. Kraftvoll, strukturbetont, dem Boden verhaftet, von rotbeeriger Frucht und Waldkräutern geprägt, belebt er auf anregend herbe Art die Sinne. Rosé-Champagner von großer Eigenständigkeit.

Domaine Christophe Mignon | 4 Rue de la Boulonnerie - Le Mesnil-le-Huttier | 51700 Festigny | Tel. +33/3/26583424 | contact@champagne-christophe-mignon.com | champagne-christophe-mignon.com | €€€€

Champagne
Christophe Mignon
ADN DE MEUNIER
ROSÉ DE SAIGNÉE

29_Meister der Komposition

Blanc de Noirs Grand Cru Brut

Eric Rodez, ein Charakterkopf mit markanter Brille, fällt allein durch sein Äußeres auf, noch viel mehr aber durch seine finessenreichen, vielschichtigen Champagner. In Ambonnay und Bouzy, Top-Terroirs der Champagne, kümmert sich Rodez gemeinsam mit seinem Sohn Mickael um sechs Hektar Reben, verteilt auf 35 Parzellen. Rodez arbeitet voller Überzeugung nach den Regeln der Biodynamie. »Wer einen lebendigen Champagner erzeugen will, braucht einen gesunden Boden«, hebt der ehemalige Bürgermeister von Ambonnay hervor. Wenngleich bei Rodez der Chardonnay einen für die Montagne de Reims ungewöhnlich hohen Anteil hat – der Grand Cru Ambonnay steht ganz klar für Pinot Noir.

Rodez schwört auf die traditionelle Korbpresse, wie sie in der Champagne noch heute viel öfter zum Einsatz kommt, als man glaubt. Im Prinzip funktioniert sie genauso wie vor Hunderten Jahren, nur wird sie nicht mehr manuell, sondern hydraulisch betrieben. Die typische Champagnerpresse mit dem niedrigen Presskorb aus Holz, der einen Durchmesser von etwa drei Metern und eine Höhe von einem Meter aufweist, fasst in der Regel 4.000 Kilogramm Trauben. Das Pressen läuft langsam und schonend. Auf diese Weise erzeugt Rodez von einem Jahrgang 60 verschiedene Grundweine, die er zum Großteil in gebrauchten Fässern aus Burgund ausbaut. Doch nicht die Holznoten, sondern der Geschmack der Trauben soll immer im Vordergrund stehen. Rodez, der früher Kellermeister bei Krug und für die Zusammenstellung der Grande Cuvée zuständig war, ist ein Tüftler und Meister der Assemblage. Das wird auch beim Blanc de Noirs spürbar, der zu 70 Prozent im Holz ausgebaut ist und aus fünf bis sechs Jahrgängen und etwa 60 Prozent Reserveweinen besteht. Herrlich kommt die rote Frucht von Pinot Noir zur Geltung; dann strukturiert und zupackend, erfrischend, feinstperlig, cremig und filigran, weinig und stilvoll.

Champagne Rodez – Eric & Martine Rodez | 4 Rue de Isse | 51150 Ambonnay | Tel. +33 326570493 | contact@champagne-rodez.fr | www.champagne-rodez.fr | €€€

RODEZ
AMBONNAY
Blanc de Noirs
ERIC RODEZ
CHAMPAGNE

30 En garde!

Fosse-Grely Brut Nature

Spektakulär lässt sich eine Schaumweinflasche mit einem Champagnersäbel öffnen. Anstatt den Korken behutsam zu entfernen, schlägt man ihn beim Sabrieren samt Flaschenhals ab. Angeblich war es ja Napoleon, der seinen Champagner nach gewonnenen Schlachten mittels Sabrage öffnete. Um Partygäste zu beeindrucken, muss aber nicht unbedingt ein Säbel her, es genügt ein Messer. Versuchen Sie es zum Beispiel mit Fosse-Grely von Ruppert-Leroy: Nachdem Sie die Folienkapsel entfernt und auch die Agraffe gelöst haben, nehmen Sie die Flasche unten in die Hand und ertasten die beiden Flaschennähte. Drehen Sie eine Naht nach oben; dort, wo sie auf die Wulst am Flaschenhals trifft, befindet sich die Sollbruchstelle. Strecken Sie die Flasche von sich weg und schicken Sie etwaige Zuschauer in Sicherheitsabstand. Vorsicht, der Flaschenkopf kann mehrere Meter durch die Luft fliegen. Nun legen Sie das Messer mit der stumpfen (!) Seite an die Naht und lassen es ein paar Mal auf und ab gleiten. Mit einer schnellen gezielten Bewegung – aber wenig Kraftaufwand – schlagen Sie die Klinge dann gegen die Sollbruchstelle. Zack, es entsteht ein sauberer Bruch, und es wird direkt in die Gläser eingeschenkt. Vor dem scharfen Flaschenhals sei gewarnt!

Und Ruppert-Leroy? Das ist großartiger Winzerchampagner von der Côte des Bar, wo das Lehrerpaar Bénédicte Ruppert und Emmanuel Leroy 2010 den ersten Jahrgang vinifizierte. Bénédictes Vater hatte seine Weingärten seit Jahren biologisch bewirtschaftet, die Trauben aber verkauft. Heute sind die vier Hektar biodynamisch zertifiziert; Kühe, Schweine, Hühner und Pferde sind mit dabei, dazu ein lässiges Holzhaus. Die Cuvée Fosse-Grely besteht jeweils zur Hälfte aus Pinot Noir und Chardonnay. Ihr wurde kein Schwefel zugesetzt. Im Duft zitronig und steinig, grünwürzig, kühl und erfrischend, überzeugt sie als Brut Nature mit feinem Grip und fester Struktur; ein eigenständiger, kantiger Stil, der den Gaumen fordert. Kultverdächtig!

Champagne Ruppert-Leroy | La Bergerie | 10360 Essoyes |
Tel. +33/3/25298131 | champagne-ruppert-leroy.com | €€€€

FOSSE GRELY
BRUT NATURE
CHAMPAGNE
Ruppert-Leroy
PRODUIT DE FRANCE

31 Nobles Solo

Soliste Meunier Les Gouttes d'Or Extra Brut

Jean-Marc Sélèque ist der Shootingstar der Côteaux d'Épernay. Nach Aufteilung des Familienbesitzes gründete er 2011 sein Weingut in der Premier-Cru-Gemeinde Pierry. Mit den unterschiedlichen Terroirs von 45 Parzellen in sieben Dörfern setzt er sich intensiv auseinander. Offiziell zählen die 1.200 Hektar der Côteaux Sud d'Épernay zum Vallée de la Marne, bilden aber eigentlich den Übergang zur Côte des Blancs. Davon zeugt die hohe Diversität der Böden – mit deutlich mehr Kreidekalk als im eigentlichen Marnetal. Etwa 45 Prozent Chardonnay – unüblich im Meunier-dominierten Vallée de la Marne – lassen ebenfalls die Nähe zur Côte des Blancs erkennen.

In Pierry, das mittelbar an Épernay grenzt, ist aber der Pinot Meunier die Nummer eins. Sélèques älteste Meunier-Reben haben 70 Jahre auf dem Buckel. Sie wachsen in der steinigen Lage Les Gouttes d'Or, die Sélèque mit dem Pferd bearbeitet. »Soliste Meunier« nennt der musikaffine Winzer diesen Jahrgangschampagner. Den Grundwein baut er zum Teil im Eichenfass und zum anderen Teil im Betonei aus. Auf sehr spezielle Art führt Sélèque die Tirage durch – »sur liège«. Dabei werden die Flaschen bei der Zugabe des Liqueur de Tirage nicht wie üblich mit Kronkorken verschlossen, sondern mit Naturkork. Dieser ermöglicht bei der Lagerung einen geringen Gasaustausch, weshalb der Kohlensäuredruck am Ende eher fünf Bar beträgt anstatt der üblichen sechs.

So entsteht ein sehr weiniger Champagner mit sanftem, cremigem Mousseux. Der »Soliste Meunier« ist substanzreich, brotig und nussig, mit heller Körnerwürze, Noten von Trockenfrüchten und Salzkaramell ausgestattet. Was üppig klingt, fängt sich am Gaumen mit unglaublich mineralischer Spannung und endet in enormer Vielschichtigkeit. Großes Vergnügen bereitet übrigens schon Sélèques Einstiegscuvée Solessence, die es als Brut Nature, Extra Brut und Rosé gibt.

Champagne J-M Sélèque | 9 Allée de la Vieille Ferme | 51530 Pierry |
Tel. +33/3/26552715 | contact@jmseleque.fr | jmseleque.fr | €€€€

JMSÉLÈQUE
CHAMPAGNE
Soliste Meunier
PIERRY 1ER CRU - LES GOUTTES D'OR
MILLÉSIME 2016
1550 BOUTEILLES ET 100 MAGNUMS

32 BAM! BUMM! PENG!

BAM! Brut Nature

Mais non, BAM! ist keinem Comic entsprungen, auch wenn er am Gaumen ziemlich einschlägt. Was nicht weiter überrascht, denn Benoît und Mélanie Tarlant gehören seit vielen Jahren zu den absoluten Stars der Winzerchampagnerszene. BAM! steht für drei Rebsorten: das B für Pinot Blanc, das A für Arbane und das M für Petit Meslier. Diese historischen, fast vergessenen Sorten setzte Benoît Tarlant bereits 2003 im Lieu-dit Four à Chaux-Sables, als von ihrem heutigen kleinen Revival noch keine Rede war. Wie der Name der nördlich ausgerichteten Lage – wörtlich übersetzt »Kalk-Sand-Ofen« – andeutet, befindet sich im Untergrund Kalkstein, und darüber liegt Quarzsand, recht ungewöhnlich im geologisch vielfältigen Marnetal.

Dieses erstreckt sich, beginnend mit dem »Grande Vallée« östlich von Épernay, über 80 Kilometer nach Westen – je weiter westlich, desto mehr gewinnt der Meunier die Oberhand, dem raueren Klima und dem höheren Lehmgehalt im Boden geschuldet. Das Weingut der Geschwister Tarlant befindet sich in Œuilly, am linken Ufer der Marne. Aufgrund der vielen nordexponierten Lagen galt diese Seite als »benachteiligt«, was heute nur mehr bedingt zutrifft. Im östlichen Teil ist das Terroir zudem immer noch vom Kalk geprägt, und es gibt viel Pinot Noir, bei Tarlant 50 Prozent.

Die Tarlants verzichten bei fast allen Weinen auf eine Dosage. Genauso gehören die sehr lange Dauer des Hefelagers sowie das Vermeiden der malolaktischen Gärung zum einprägsamen Stil der biodynamischen Vorreiter. BAM! ist knochentrocken, neun Jahre und neun Monate auf der Hefe ergeben aber einen hinreißend hedonistischen Brut Nature: ungeheuer vielschichtig, mit Noten von Grapefruit, Quitten und Apfel-Zitronen-Tarte, dazu kalkig-steinig, feinperlig und sehr straff am Gaumen, frische Steinpilze, cremig mit fruchtsüßem Touch, kristallklar. Und BAM! – schon hört man auf zu analysieren und will ihn nur noch genießen.

Champagne Tarlant | 21 Rue de la Coopérative | 51480 Œuilly | Tel. +33/3/26583060 | champagne@tarlant.com | tarlant.com | €€€€€

CHAMPAGNE
TARLANT
VIGNERONS DEPUIS 1687
BAM!
BLANC . ARBANNE . MESLIER

33_Ab ins Burgunderglas

Fidèle Extra Brut

Sollte jemand noch Sektflöten oder gar Champagnerschalen verwenden – Fidèle sagt laut und deutlich, dass sie besser entsorgt werden. Endgültig. Das empfehlen übrigens viele Schaumweine und Champagner ganz besonders. Fidèle braucht Luft und Zeit, bis seine komplexe Aromatik zum Vorschein kommt. Was anfangs eine Spur rustikal wirkt, wird nach und nach immer feiner im großen Glas. Schmale »Flûtes« hingegen, nun ja, die geben so gar keinen Raum zur Entfaltung, auch ist es völlig vergeblich, an einer Sektflöte den vielschichtigen Duft eines Champagners erschnuppern zu wollen. Selbiges gilt für Champagnerschalen. Wie sollte eine bis zum Rand gefüllte flache Schale wohl jene Aromen freigeben, die sich in einem tulpenförmigen Glaskelch entwickeln? Kurz, schöne Weißweingläser sind bei Champagner das Minimum, auch Universal- oder Champagnergläser von guten Herstellern meistens sehr okay. Und bei Vouette & Sorbée ist auch ein Burgunderglas gar nicht verkehrt.

Fidèle besteht aus 100 Prozent Pinot Noir, der Hauptsorte der Côte des Bar – lange unterschätztes Trendgebiet, wie wir mittlerweile wissen. In Buxières-sur-Arce pflegte Bertrand Gautherot seine Weingärten schon in den 90er Jahren biodynamisch. Dennoch lieferte er weiter an die Genossenschaft, und es brauchte die Überzeugungskünste von Kultwinzer Anselme Selosse, damit er 2001 die ersten eigenen Flaschen füllte. Auf das Etikett schrieb Gautherot kurzerhand seine beiden wichtigsten Lagen: Vouette & Sorbée.

Fidèle stammt immer von einem Jahrgang, denn der soll nach der Idee des Winzers auch schmeckbar sein. Fünf Prozent Reservewein runden diesen Champagner ab, der nicht mit Frucht um sich wirft, sondern mit Struktur, fein und kantig zugleich, herb-frisch, weinig und ausdrucksstark. Ob Fidèle, Blanc d'Argile, Saignée de Sorbée oder der maischevergorene und in der Amphore ausgebaute Textures – Vouette & Sorbée ist ultrapuristisch und kompromisslos. Für Fortgeschrittene!

Bertrand Gautherot – Vouette & Sorbée | 8 Rue de Vaux | 10110 Buxières-sur-Arce | Tel. +33/3/8533858 | vinifera@wanadoo.fr | vouette-et-sorbee.com | €€€€

VOUETTE & SORBÉE
fidèle
CHAMPAGNE
VOUETTE & SORBÉE
EXTRA BRUT

Frankreich

Die Erweiterung des Spielraums

Burgund, Elsass, Jura & Savoyen, Limoux, Loire und Normandie

In Frankreich schäumt es natürlich nicht nur, wenn Champagner im Glas ist. Es gibt mehrere Regionen, die mit Crémant Furore machen. Generell ist man sich dort sehr dessen bewusst, was die Flaschengärung für die Qualität eines Getränks tun kann. Das gilt übrigens nicht nur für Wein, sondern auch für Cidre aus der Normandie und benachbarten Regionen (siehe Nummer 44, 45).

In den 1980er Jahren beschloss die äußerst marketingbewusste Champagne, dass der Name der Region nur noch verwendet werden darf, wenn der Wein auch tatsächlich aus der Champagne kommt. Die EU hat diesem Ansinnen in den 1990er Jahren stattgegeben, sodass in der Folge der weltweit geläufige Begriff »Champagnermethode« durch »Méthode Traditionnelle« abgelöst wurde. Das Komitee der Champagne verklagt bis heute jeden, der »Champagne« nicht in diesem Sinne verwendet (siehe Nummer 9). Im gleichen Zug verzichtete man dort auf den Begriff »Crémant«, der Schaumwein mit weniger als den üblichen fünf bis sechs Bar Druck bezeichnete.

So bekam Crémant eine neue Bedeutung: Er steht für nach »Méthode Traditionnelle« hergestellte Schaumweine aus Regionen abseits der Champagne. Dazu kommen natürlich weitere Produktionskriterien, wie Handlese, limitierte Mostausbeute, erlaubte Rebsorten und mindestens neun Monate Hefelager.

Regionen, die einen als »Crémant« bezeichneten Schaumwein in Weiß oder Rosé erzeugen möchten, müssen der »Fédération Nationale des Producteurs et Élaborateurs de Crémant« (cremants.com) beitreten – bis dato sind es acht: Bordeaux, Bourgogne, Die, Elsass, Jura, Limoux, Loire und Savoyen, das seit 2015 dabei ist. Den großen Unterschied zwischen den Regionen machen die Rebsorten aus: Oft kommen bei den Crémants regionale Sorten zum Zug, was die geschmackliche Bandbreite auffächert. Die Preise für Crémants liegen meist deutlich unter jenen für Champagner. Die bekanntesten und am häufigsten exportierten Crémants sind übrigens jene von der Loire und aus dem Elsass.

34 Avantgarde in Rosarot

Bulles Extra Brut

Was Deutschsprachige »Sprudel« und Italiener »bollicine« nennen, heißt für die Franzosen »bulles« – und damit ist jeglicher Wein mit Bläschen gemeint. Diese Bläschen können grundsätzlich auf unterschiedliche Art und Weise in den Wein gelangen. Billig und schnell geht es mittels »Imprägniermethode«, dem Versetzen mit Kohlensäure, was Weine eher grob und schaumbadartig perlen lässt. Ein qualitativ besseres Mousseux bringt die Méthode Charmat, bei welcher der Wein ein zweites Mal im Tank gärt – Paradebeispiel Prosecco. Für die feinsten, dichtesten und beständigsten Perlen sorgt aber zweifellos die Klassische Flaschengärung, die Méthode Traditionnelle. Sie liegt nicht nur jedem Champagner zugrunde, sondern auch allen französischen Crémants.

Dass nun Philippe Pacalets Bulles offiziell kein »Crémant de Bourgogne«, sondern einfacher »Vin Mousseux de Qualité« sind, liegt an den Rebsorten. In Burgund zählen nur Chardonnay und Pinot Noir als hochwertig, weshalb laut Reglement eine der beiden auch zum Crémant mindestens 30 Prozent beitragen muss. Pacalet aber setzt für seine Bulles auf 80 Prozent Aligoté, eine lokal verbreitete Sorte, die er für Schaumwein besonders schätzt, da sie schöne Säure und knackige Frische mitbringt; 20 Prozent Pinot Noir ergänzen Körper, Cremigkeit und rotbeerige Frucht. Ein tänzerischer, aber weinig-würziger Stil, sehr vital, Noten von Blutorangen und kandierten Limonen, mit superfeiner Perlage, Mineralität und pflanzlich-herbem Finale. Nur wenige tausend Flaschen macht Pacalet von den lachsrosa Bulles. Ursprünglich stammt der Winzer aus dem Beaujolais, wo man seinen Onkel Marcel Lapierre als einen der Protagonisten der Naturweinszene kennt. Auch Pacalet arbeitet in diesem Sinne. Er ließ sich 2001 an der Côte d'Or nieder, pachtete Weingärten und zählt mittlerweile mit seinen phantastischen Rot- und Weißweinen zur Avantgarde der Region.

Philippe Pacalet | 12 Rue de Chaumergy | 21200 Beaune | Tel. +33/3/80259100 | contact@vins-philippe-pacalet.fr | philippe-pacalet.com | €€€

Bulles
Philippe Pacalet

35 Die Gischt im Glas

Écume Extra Brut

Julien Altaber segelt auf Kurs. Aufgewachsen in der Auvergne, im südlichen Burgund, war er schon als Jugendlicher von der bäuerlichen Arbeit fasziniert und lernte mit 16 Jahren den Weinbau kennen und lieben. Nach Lehrjahren im Mâconnais und Beaujolais arbeitete er zwei Jahre bei einem großen Weinhandelshaus in Beaune. Doch bald sehnte er sich wieder nach kleineren Dimensionen, kam zur Lese 2002 zu Catherine und Dominique Derain nach Saint-Aubin und landete genau am richtigen Platz. Derain war einer der ersten Biodynamiker in Burgund, und vor dem jungen Altaber tat sich die spannende Welt der Natural Wines auf. Im Jahr 2007 kaufte er Trauben, machte seinen ersten Wein in Derains Keller und gründete damit das Projekt »Sextant«.

Zu seinem Naturwein-Sortiment passt ein Pétillant Naturel – der ursprünglichste und unberechenbarste aller Sprudel – natürlich bestens. Als Zwei-Drittel-Basis für den Écume verwendet Altaber die oft gering geschätzte weiße Aligoté. Ihre leichten, säurebetonten Weine sind ideal für Prickelndes. Mit etwas Gamay oder Pinot Noir bringt Altaber ein Plus an Charme in den Pet Nat, dazu den zartrosa Farbstich. Er duftet würzig und rauchig, erinnert an Meersalz. Vielleicht wecken auch der Name und das Etikett diese Assoziation: Écume heißt nämlich Schaum, auch im Sinne der Gischt des Meeres. Supererfrischend und straff ist er, kein belangloses Weinchen, sondern hat ernst zu nehmende Komplexität. Grapefruit, roter Apfel, Salzigkeit und hefige Cremigkeit formieren sich zu großer Beschwingtheit und Trinkfluss.

Genau so will es Altaber: »Ich möchte keine ›großen‹ Weine machen, sondern ehrliche, authentische Weine, die so viel Trinkfreude wie nur möglich ausstrahlen.« Vor ein paar Jahren übernahmen Julien und seine Frau Carole auch die Domaine Derain. Altmeister Dominique Derain ist »im Unruhestand«, steht am Weingut nach wie vor mit Rat und Tat zur Seite.

Sextant – Julien Altaber | 17 Rue des Lavières | 21190 Saint-Aubin | vins-sextant.com | €€

36 Trockengelegt

Zéro Extra Brut

Trocken müssen sie sein. Das gilt für die Stillweine der Domaine Boesch und auch für den wunderbaren Zéro 2017 Extra Brut aus 55 Prozent Pinot Blanc, 40 Prozent Riesling und einem Schuss von fünf Prozent Pinot Noir. In anderen Jahrgängen wie 2018 ist auch Pinot Gris dabei. Der Crémant schafft das Kunststück, völlig Gegensätzliches zu verbinden: Er ist knochentrocken und schmeckt doch supersaftig, hat weiche Kohlensäure und vermittelt ein salzig-hefiges Mundgefühl, und das alles bei ausdrucksstarken, fast als üppig zu beschreibenden Fruchtaromen. Im Geruch macht er einen barocken, fülligen Eindruck, ausladend und alles anbietend, der erste Eindruck am Gaumen mit seinen opulenten Steinobstaromen bestätigt dies und deutet auf ein süßes Ende. Genau so endet der Schaumwein aber nicht, er wird straffer, je länger er im Mund ist. Mit 0,9 Gramm pro Liter Restsüße wäre er technisch gesehen Brut Nature, rein geschmacklich passt Extra Brut mit seinen Aromen nach ausgereiften Früchten perfekt zu der eigenständigen Harmonie dieses Crémant.

Für den Grundwein des Zéro wurden nur erstklassig saubere Trauben verarbeitet, da nur solche ohne Zusätze auskommen. Er vergor spontan im Foudre-Fass und blieb neun Monate auf der Vollhefe ohne Zusätze. Nach der zweiten Gärung in der Flasche wurde er weitere zwölf Monate in Kontakt mit der Hefe belassen bis zum Degorgieren. Aufgefüllt wurde mit dem Inhalt einer anderen Flasche desselben Weins.

In puncto Trockenheit macht den Boesch niemand etwas vor. Vater Gérard war der Erste im Gebiet, der trockene Schaumweine machte, nachdem er 1972 eine Lehre in Avize in der Champagne absolviert hatte. Marie und Matthieu Boesch sind die elfte Generation und setzen auf die Biodynamie, um ihren Weinen den jeweils besten Terroir-Ausdruck mitzugeben. In die Feinabstimmung von Boden und Rebsorten haben sie in den letzten Jahren sehr viel Arbeit gesteckt. Hier trinkt man Elsass in purster Form!

Domaine Léon Boesch | 6 Rue St. Blaise | 68250 Westhalten | Tel. +33/3/89470183 | domaineboesch.fr | €€

Domaine Boesch
CRÉMANT D'ALSACE
Zéro
DOMAINE LÉON BOESCH
COLETTE, GÉRARD, MARIE ET MATTHIEU BOESCH - WESTHALTEN FRANCE

37 Macht Dampf in vielen Gassen

Lune à Boire Bulle L.B18

Marc Kreydenweiss ist ein illustrer Charakter, der die Möglichkeiten des Terroirs seiner Region mit viel Elan aufzeigte. Auch die Biodynamie, heute im Elsass weit verbreitet, trieb er voran, indem er seit Mitte der 80er Jahre vormachte, wie gut diese Form der Bewirtschaftung funktioniert. Es wäre verwunderlich, würde man in seinem umfangreichen Œuvre nicht auch einen prächtigen Schaumwein finden, der zeigt, wofür Crémant d'Alsace heute steht: lebendige Frische und subtile Aromen.

Lune à Boire Bulle L.B18, den die Autorinnen noch als »Crémant d'Alsace Brut Nature« verkosteten, ist aus Pinot Blanc, Auxerrois und Chardonnay. Elsasstypische oxidative Noten werden mit dieser pikanten Frische kombiniert, die vor allem knochentrockene Sekte zustande bringen, hier sind es 0,2 Gramm pro Liter Restzucker. Die Textur ist engmaschig, die Perlage superfein und samtig: Bratapfel trifft auf Meeresbrise, eine höchst reizvolle Kombination. Der Grundwein vergor spontan inklusive Biologischem Säureabbau und lagerte ein Jahr in Foudre-Eichenfässern. Nach der Prise de mousse in der Flasche blieb er 24 Monate auf der Hefe, Schwefel wurde nicht zugesetzt.

Das Elsässer Weingut wird seit 2006 von Sohn Antoine geführt, der es eigenständig und doch im Sinne des Vaters weiterentwickelt. Denn Marc Kreydenweiss ist sehr umtriebig – er übernahm 1999 auch im Languedoc ein Weingut und gab es 2017 an Sohn Jean weiter. Kreydenweiss hat Institutionen wie Biodyvin mitbegründet, zu der Weingüter in Frankreich, Italien, Deutschland und der Schweiz zählen, sowie die »Union des Gens de Métier«, in der sich Vertreter der Biodynamie zusammenfinden, die aus verschiedenen Berufen stammen, wie der Bäcker Alex Croquet oder der Cidre-Erzeuger Eric Bordelet (siehe Nummer 44). Marc selbst lebt heute mit seiner Frau Emanuelle an der Rhône, wo er sich – *surprise, surprise* – mit Rotwein befasst.

Alsace – Marc Kreydenweiss | 12 Rue Deharbe | 67140 Andlau |
Tel. +33/3/88089583 | marc@kreydenweiss.com | kreydenweiss.com | €€

lune
à boire
bulle

38 Rollenverständnis

Crémant d'Alsace Extra Brut

Crémant d'Alsace in Weiß besteht laut Reglement aus bis zu sechs Rebsorten: Auxerrois, Chardonnay, Pinot Blanc, Pinot Gris, Pinot Noir und Riesling. Für Crémant Rosé ist ausschließlich Pinot Noir möglich. Auxerrois und Pinot Blanc, zwei Mitglieder der Burgunder-Gruppe, bilden dabei in vielen Fällen die Basis der Crémants. Sie ergänzen sich zu genau jenem Typus Grundwein, aus dem der regionale Charakter des Elsässer Crémants entsteht, obwohl sie im Solo-Leben neben Riesling und Gewürztraminer eher Nebenrollen spielen: Auxerrois ist bei maximal mittelkräftiger Säure für kühle Standorte gut gerüstet. Die Sorte hat Körper und dezente Zuckermelonen- und Quittenaromen, die sich im Alter zu Mandeln und Honigaromen entwickeln. Insgesamt bringt er aromatisch mehr ein als Pinot Blanc, der dafür wieder Säure und Struktur liefert.

Der Crémant d'Alsace der Domaine Albert Mann ist sowohl in puncto Geschmack als auch in seiner Zusammensetzung ein typischer Elsässer. Die 70 Prozent Pinot Blanc in Albert Manns Crémant sind vergleichsweise viel, verleihen dem Sekt dafür jedoch herrlichen Tiefgang. Den Rest teilen sich Auxerrois und Riesling. Zu Beginn erschien der verkostete 2018er recht verhalten. Mit jeder Minute länger, die ihm im Glas gegönnt wird, kehrte er seine Frische und Lebendigkeit stärker heraus. Dazu kamen Aromen wie weiße Frühlingsblüten, getrocknetes Steinobst, etwas Honig, alles in prächtiger Präzision und höchst erfreulicher Harmonie bei eleganter salzig-cremiger Perlage.

Albert Mann, das sind eigentlich zwei Familien, Mann und Barthelmé, beide seit vier Jahrhunderten im Weingeschäft und schon lange zusammengewachsen. Seit 1997 wird biodynamisch gewirtschaftet. Ihre 25 Hektar, zu denen Flächen in sieben Grand-Cru-Lagen gehören, verteilen sich »wie kleine Gärten« auf gut 100 Parzellen. Einen guten Namen haben sie sich auch mit ihren Lagenweinen gemacht, allen voran mit Pinot Noir.

Domaine Albert Mann | 13 Rue du Château | 68920 Wettolsheim | Tel. +33/3/89806200 | vins@albertmann.com | albertmann.com | €€

CRÉMANT D'ALSACE
EXTRA BRUT
SPARKLING WINE
2019
Albert Mann
WETTOLSHEIM • ALSACE

39 Strohwein als Starthilfe

Indigène Crémant du Jura Extra Brut

Jura liegt im Trend, obwohl – oder gerade weil – es nie einem Trend folgte. Das Weinbaugebiet flog jahrzehntelang unter dem Radar der Weinfreaks. Bis Winzer wie der charismatische Stéphane Tissot den Kampf um einen gebührenden Platz in den Weinkarten der Welt aufnahmen. Und siehe da, das ursprünglich gebliebene Jura mauserte sich abseits vom Mainstream zum Superstar. Mit dem Juramassiv im Hintergrund, autochthonen Rebsorten und einzigartigen Weinstilen, wie dem aromatisch an Sherry erinnernden Vin Jaune, hebt sich das Jura vom Gewohnten ab und lässt Weininteressierte aufregend viel Neues entdecken.

Stéphane Tissot hat einiges bewegt. Er begann 1992 mit dem Bioweinbau, und zehn Jahre später ging er den großen Schritt weiter, hin zur Biodynamie. Seine Weine wirken befreit von allen Konventionen, und auch beim Crémant du Jura geht er ganz eigene – risikoreiche – Wege. »Indigène« lässt sich mit »indigen« übersetzen, also einheimisch, bezieht sich hier allerdings auf die Hefe, die als *levure indigène* die zweite Gärung in Gang bringt. Mit »wilden« Hefen also, der spontanen Hefeflora des Mostes, leitet Tissot die Flaschengärung ein. Er fügt aber nicht irgendeinen gärenden Most hinzu, sondern jenen seines süßen Vin de Paille (Strohwein) vom Folgejahrgang. Bei Indigène läuft somit sowohl die erste als auch die zweite Gärung mit traubeneigenen Hefen und traubeneigenem Zucker.

Tissots Spezialität besteht zur Hälfte aus Chardonnay, dazu kommen 40 Prozent Pinot Noir und je fünf Prozent von Poulsard und Trousseau, typischen Jura-Sorten. Sie überzeugt mit rauchiger Kräuterwürze, Brotkruste und Kernobst und kreidigen Noten, ist knochentrocken und extrem frisch, zeigt Tannine in passender Menge, Limettenzesten, trockenes Herbstlaub und Moos. Ein erfrischender, unkonventioneller Crémant, der auch Fortgeschrittene und Fans von Champagner abseits der großen Marken zutiefst erfreut.

Bénédicte & Stéphane Tissot | 39600 Montigny-les-Arsures | Tel. +33/3/84660827 | stephane.tissot.arbois@wanadoo.fr | stephane-tissot.com | €€€

INDIGÈNE
Bénédicte et Stéphane Tissot
Levures 100% naturelles
Non Dosé

40 Geschichte im Glas

Cuvée Tradition Blanquette de Limoux

Tief im Süden, etwa 25 Kilometer südlich von Carcassonne im Tal des Flusses Aude, befindet sich die Stadt Limoux, die auch ein Quell des Schaumweins ist. In Limoux rühmt man sich, bereits Perlendes gemacht zu haben, als man in der Champagne noch nicht einmal darüber nachdachte. Schriftlich belegt wird das mit Dokumenten von 1531 in der Abtei Saint-Hilaire. Dass Wein in dem Gebiet seit dem 10. Jahrhundert ein Thema war, ist gesichert. Dass irgendeiner davon in einem kalten Winter das Gären einstellte und im warmen Frühling wieder damit anfing, ist gut vorstellbar angesichts der geografischen Lage am Fuß der Pyrenäen.

Mauzac, *local hero* der hier gepflogenen Rebsorten, spielt dabei die Hauptrolle – relativ körperreich, mit kräftiger Säure und einem dichten Aroma nach frischen und angetrockneten grünen Äpfeln. Die Cuvée Tradition entspricht dieser Beschreibung perfekt. Sie hat bei 24 Monaten auf der Hefe eine angenehm feingliedrige Perlage, entwickelt zusätzlich verspielte duftige Aromen und eine filigrane Mineralität – und erfreut selbst über mehrere Tage im Kühlschrank mit Frische und Lebendigkeit.

Drei Schaumweine tragen Limoux im Namen: Neben dem Blanquette mit Mauzac zu 90 Prozent, ergänzt durch Chenin und/oder Chardonnay, gibt es einen Crémant mit umgekehrten Vorzeichen: maximal 90 Prozent Chardonnay und Chenin, dazu Pinot und Mauzac, dessen Anteil nicht mehr als 20 Prozent betragen darf. Reizvoll ist auch ein Blanquette Méthode Ancestrale aus ausschließlich Mauzac.

Die Delmas, ein Familienbetrieb in der vierten Generation, decken alle Limoux-Möglichkeiten ab. Ihre heute 31 Hektar bewirtschaften sie seit 1986 biologisch. Die Weingärten der Domaine liegen relativ hoch im Tal zwischen 260 und 480 Meter, klimatisch beeinflusst von den Pyrenäen im Süden, dem Mittelmeer im Osten und dem Atlantik, der sich trotz der Entfernung kühlend einbringt.

Domaine Delmas | 11 Route de Couiza | 11190 Antugnac |
Tel. +33/4/68742102 | contact@domaine-delmas.com |
domaine-delmas.com | €€

Delmas
LIMOUX
BIO DEPUIS 1986
Delmas
TRADITION
BRUT
BLANQUETTE DE LIMOUX

41 Staubtrockene Zahlenspiele

3/7.7.4 Cuvée Maître de Chai Brut Nature

Kilometerlange Keller voller Schaumwein gibt es nicht nur in der Champagne, sondern auch im Loire-Tal. Saumur ist sogar berühmt für Prickelndes. In der gleichnamigen Stadt ziehen sich weitläufige Keller durch den Untergrund, gehauen in den weichen weißen Tuffstein, der auch beim Bau der berühmten Loire-Schlösser Verwendung fand.

In sage und schreibe zwölf Metern Tiefe, direkt unter dem Zentrum von Saumur, befinden sich die Tuffsteinkeller der Caves Louis de Grenelle. Hier lagern vier Millionen Flaschen bei konstant zwölf Grad Celsius. Louis de Grenelle ist das letzte große familiengeführte Haus in Saumur. Gegründet wurde die Kellerei 1859, mit der Übernahme durch Hubert Bodet im Jahr 1976 begann eine neue Ära des Erfolgs. Seit 2009 entwickeln seine Tochter Françoise und ihr Ehemann Jean Pierre Flao den Betrieb weiter. Neben 40 Hektar eigenen Weingärten arbeiten sie mit 24 Partnerwinzern.

Die ungewöhnliche Cuvée 3/7.7.4 gehört zu den persönlichen Kreationen des Kellermeisters Guillaume Poitevin. Der Code 3/7.7.4 entpuppt sich als weniger geheimnisvoll, als man auf den ersten Blick vermutet: Die Zahl 3 steht für die drei roten (!) Sorten, die verwendet wurden: Pinot Noir, Cabernet Franc und Pineau d'Aunis. Die Zahlenfolge 7.7.4 weist auf die Zusammensetzung hin – sieben Teile Pinot Noir, sieben Cabernet Franc und vier Pineau d'Aunis. Pineau d'Aunis ist eine Rarität, eine alte Sorte der Loire, von der es nur noch wenige hundert Hektar gibt. Trotz ihres Namens gehört sie genetisch nicht zur Pinot-Gruppe. Als Blanc de Noirs strahlt die Cuvée 3/7.7.4 überraschend hell im Glas, doch schon im Duft kommen rote Beeren, exotische Frucht und viel Würze durch. Am Gaumen herrscht eine Art »Rotweinfülle«, zugleich großartige Frische, Salzigkeit und ein knochentrockener Abgang. 3/7.7.4 überzeugt als sehr facettenreicher Brut Nature mit viel Spannung.

Caves Louis de Grenelle | 839 Rue Marceau | 49400 Saumur |
Tel. +33/2/41501763 | contact@louisdegrenelle.fr | louisdegrenelle.fr | €€

CUVÉE
3|7.7.4

42_Zischen statt knallen

Atmosphères Extra Brut

Prickelndes von der Loire, nach Méthode Traditionnelle hergestellt und doch kein Crémant de Loire. Der darf nämlich nur aus Anjou, Cheverny, Saumur und der Touraine kommen, nicht aber aus dem Pays Nantais ganz im Westen, nahe der Atlantikküste, wo der frische Muscadet und die Domaines Landron zu Hause sind. Jo Landrons Atmosphères Extra Brut aus Folle Blanche, Pinot Noir und Chardonnay ist daher einfacher Vin Mousseux de Qualité. Dafür trägt er den wunderschönen Beinamen »La Fée des lieux«. »Die Fee der Lagen« schwebt tatsächlich tänzerisch leicht über die Zunge, zugleich wirkt sie kristallin, straff, salzig und zeigt jene Lebendigkeit und kühle Präzision, die alle Weine von Jo Landron auszeichnet. Nicht umsonst arbeitet er seit vielen Jahren biodynamisch.

Atmosphères besitzt wie Champagner einen Kohlensäuredruck von sechs Bar. Das ist gewaltiger Druck – wie öffnet man eine Schaumweinflasche eigentlich gekonnt? Knallende Korken und überschäumende Inhalte sind zwar lustig, aber wenig professionell und meist unerwünscht. Verloren geht dabei nicht nur Wein, sondern auch ein Teil der Perlage. Was gilt es demnach zu beachten? Grundsätzlich sollte die Flasche gut gekühlt und nicht geschüttelt sein. Löst man den oberen Teil der Folienkapsel, kommt der Korken mit der Agraffe, dem Drahtkörbchen, das den Korken sichert, zum Vorschein. Beim Aufdrehen der seitlichen Drahtschlaufe lockert man die Agraffe ein wenig, während der Daumen den Korken zur Sicherheit oben fixiert. Wir raten, das gelockerte Drahtkörbchen zu belassen, denn es verleiht besseren Grip.

Beim vorsichtigen Öffnen hält man die Flasche nun leicht schräg (!) und platziert jene Hand, die nicht den Korken hält, unten am Flaschenboden. Der Trick ist, nicht den Korken, sondern die Flasche zu drehen. Ganz langsam löst sich so der Korken aus dem Flaschenhals. Und alles, was man von der Fee hören sollte, klingt wie ein leises Zischen.

Domaines Jo Landron | Les Brandières, 3 Impasse du Fief du Breil | 44690 La Haie-Fouassière | Tel. +33/2/40548327 | domaines-landron.fr | €€

ATMOSPHÈRES Jo Landron
MÉTHODE TRADITIONNELLE

43 Der von Herzen kommt

Bulles de Roche

Thierry Germain kehrte 1991, im zarten Alter von 23 Jahren, seiner berühmten Heimat Bordeaux den Rücken. Früh war sein Interesse am Bioweinbau und an der biodynamischen Arbeitsweise erwacht, doch solche Irrwitzigkeiten existierten bei den Bordelaiser Châteaus damals nicht. An der Loire jedoch kann der Winzer diesen Ideen nachgehen. Er gründet die Domaine des Roches Neuves in der kleinen Appellation Saumur-Champigny, die er erst organisch-biologisch und ab 2002 biodynamisch nach ganzheitlichem Ansatz führt. Dazu gehören der Sanfte Rebschnitt, die Bodenlockerung mit Pferden und vieles mehr. Germains Hauptsorte und seine Leidenschaft ist Cabernet Franc, von dem er wunderbar elegante Rotweine keltert, aber auch gut zwei Hektar Chenin Blanc begleiten sein Streben nach Frische, Frucht, Eleganz und Präzision. Lebendige, von ihrem Terroir geprägte Weine waren immer das große Ziel des Winzers, der mit Nachdruck erklärt: »Auch in heißen Jahren will ich frische Weine mit moderatem Alkoholgehalt erzeugen. Es geht darum, Frucht und Boden in die Flasche zu bringen, nicht mein Ego. Ein Wein muss von Herzen kommen, nicht aus dem Kopf, er muss dem Körper und der Seele guttun.«

Diese Philosophie wird auch bei den »Bulles de Roche«, den feinen »Bläschen vom Fels«, spürbar. Germains einziger Schaumwein, der aus 95 Prozent Chenin und fünf Prozent Cabernet Franc resultiert, ist klassisch nach der Méthode Traditionnelle hergestellt und ganz ohne Dosage absolut hochwertig und herrlich frisch. Steinige Noten, Kräuter und frisches Kernobst bilden die anregende Nase, am Gaumen unterlegt ein mineralischer Zug die Frucht und die griffige Struktur. Mit feinem Mousseux, salzigen Anklängen, Apfelschalen-Würze, saftiger Säure und kerniger Frische pfeift er dahin und hält überraschend lange an. Was für ein feiner und sehr erschwinglicher Sprudel von einem der absoluten Spitzenwinzer der Loire!

Domaine des Roches Neuves – Thierry Germain | 56 Boulevard Saint Vincent | 49400 Varrains | Tel. +33/2/41529402 | thierry-germain@wanadoo.fr | rochesneuves.com | €€

BULLES DE ROCHE
Thierry Germain
PRODUIT DE FRANCE

44 Der Reiz der Birne

Poiré Granit

Poiré, auf Deutsch wörtlich »birnenförmig«, verweist eindeutig darauf, dass es sich hier um irgendwas aus Birnen handeln muss (*la poire* = die Birne). Die Bezeichnung Cidre ist in Frankreich nämlich vergorenem Apfelsaft vorbehalten. Der Standort dieser Birnbäume liegt am Weg von Paris nach Rennes mitten am Massif Armoricain, das geologisch von Granit und Schiefer geprägt ist. Die Bäume, von denen die Früchte stammen, haben sich mit ihren Wurzeln tief in die Risse und Spalten des Granits gearbeitet.

Dieses Bild baut sich angesichts des Namens und des Geschmacks tatsächlich vor dem geistigen Auge auf: Zur keineswegs überbordenden Süße der Birne kommen frische, erdig dunkle Körnerwürzigkeit, eine steinig-rauchige Adstringenz und eine feine Spritzigkeit, die dem Getränk elegante Spannung verpasst. Bei der Ernte werden die Früchte nach Reifegrad sortiert, grob zerkleinert, vorsichtig gepresst und nach Absetzenlassen und Abziehen des Saftes im Tank vergoren. Wie bei der Méthode Ancestrale wird der gärende Saft mit mehr oder weniger natürlichem Zucker ohne Zusätze in die Flasche gefüllt, wo er je nach Zusammensetzung einige Wochen oder auch Monate verbringt.

Eric Bordelet, der Erzeuger dieser Köstlichkeit, war, bevor er 1992 die Obstgärten seiner Familie in Maine übernahm, Sommelier im Pariser Top-Restaurant L'Arpège. Die Obstbäume waren teilweise uralt, teils wurden sie neu gepflanzt. Als önologisch Ausgebildeter ist Bordelet überzeugt, dass die Qualitätsstandards, die für guten Wein gelten, auch auf Obst anzuwenden sind. Und das sind die Folgenden: biologische, heute biodynamische Bewirtschaftung, Respekt vor dem Terroir und Pflege dessen, was regional gegeben ist. In seinem speziellen Fall sind es 23 Hektar mit etwa 30 Apfelsorten, circa 20 Birnensorten und einigen eher seltenen Speierling-Bäumen *(Sorbus domestica)*. Für alle, die sich gern auf etwas ganz anderes einlassen.

Eric Bordelet | Château de Hauteville | 53250 Charchigné |
Tel. +33/2/43039572 | eric@ericbordelet.com | ericbordelet.com | €€

2020
POIRÉ
GRANIT
Eric Bordelet
2020
POIRÉ
GRANIT
Eric Bordelet

45 Traditionsreicher Apfelwein

Cidre This Side® Up

Französischer Cidre ist Sprudel aus Äpfeln, und nur aus Äpfeln. This Side® Up kommt aus der Normandie, und zwar aus Calvados, dessen Name weniger als französisches Departement denn als Apfelbrand bekannt ist. Cyril Zangs ist etwa zweieinhalb Autostunden nordwestlich von Paris zu Hause und hat einen mythischen Ruf als Großmeister der Cidre-Herstellung. In einem früheren Leben, so hört man, arbeitete er im Buchhandel in Paris, zog aber mit Familie zurück in die Normandie, wo bereits sein Großvater Cidre gemacht hatte.

Seit etwa 20 Jahren bewirtschaftet er Obstgärten mit 69 unterschiedlichen Apfelsorten, die zwischen 15 und 60 Jahre alt sind und süßlich, bitter oder säuerlich schmecken. Geerntet – und zwar per Hand – werden nur Äpfel, die noch am Baum hängen, da sie sonst nicht perfekt genug für diese Form der Verarbeitung sind. Sie werden pingelig sortenrein beziehungsweise nach Geschmacksrichtung gesammelt und in Schuppen bis zu sechs Wochen nachgereift. Dann werden die Äpfel geschreddert, sanft hydraulisch gepresst, in Tanks sechs Monate vergoren, dabei ab und an abgezogen und dann gefüllt. Wie bei der Méthode Traditionnelle werden die Flaschen drei Monate horizontal – *sur lattes* – gelagert. Danach werden sie gerüttelt, degorgiert und mit dem jeweils selben Saft aufgefüllt. Die Qualitätsstandards sind jene, die auch für die Produktion hochwertiger Weine gelten: zum Beispiel so wenig wie möglich in den Entstehungsprozess eingreifen, sondern sich auf die Güte des Grundmaterials verlassen.

This Side® Up ist ein Einzellagen-Cidre aus einem Obstgarten, in dem »nur« neun verschiedene Sorten gepflanzt sind, die dafür geschmacklich perfekt aufeinander abgestimmt sind. Er schmeckt präzise und klar mit feiner säuerlicher Würzigkeit, prickelt angenehm vor sich hin und hinterlässt einen erfrischenden, mineralisch-salzigen Nachgeschmack.

Cyril Zangs – Cidre 2 table | Le Friche Menuet | 14100 Saint-Germain-de-Livet | Tel. +33/6/32121316 | cyril@cidre2table.com | cidre2table.com | €€

THIS
SIDE®
UP

46_Kühle Himbeerbombe

Cerdon du Bugey Demi-Sec

Was da im Glas so herrlich pink aufschäumt, kommt aus dem kühlen Savoyen, genauer gesagt aus der winzigen, aber eigenständigen Appellation Bugey. Sie erhielt ihren AOC-Status erst 2009 und umfasst ganze 450 Hektar am Fuß des südlichen Juramassivs, zwischen Lyon und Genf. Wahre Mikromengen gibt es von Bugey-Cerdon, einem Cru-Bereich, der ausschließlich für nach der Méthode Ancestrale hergestellte Rosé-Sprudel gilt. Ähnlich einem Pet Nat kommt dafür gärender Most auf die Flaschen, in denen die Gärung weiterläuft. Im Fall von Bugey-Cerdon gärt das Ganze allerdings nicht durch, sondern behält eine deutliche Restsüße und damit auch einen geringen Alkoholgehalt. Ausschließlich der aus dem Beaujolais stammende Gamay und die Jurasorte Poulsard sind für Bugey-Cerdon zugelassen. Die Rarität wird nur von einer Handvoll Winzer hergestellt – und einer davon ist Elie Renardat-Fâche, dessen Zwölf-Hektar-Weingut mit steilen Terrassenlagen in Mérignat liegt und seit 2012 biozertifiziert ist.

Renardat-Fâches Cerdon besitzt 35 Gramm Restsüße bei leichten acht Volumenprozent Alkohol. Wer aber etwas pappig Süßes, Langweiliges oder Limonadenartiges erwartet, wird schon beim ersten Schluck eines Besseren belehrt. Der Duft allein ist höchst originell. Frische Himbeeren, Waldbeeren, blättrige Noten und Ribiselsaft strömen in die Nase. Am Gaumen gibt sich der Cerdon feinperlig, frisch und leichtfüßig, weckt Assoziationen von kühler Alpenluft und würzigen Bergheidelbeeren. Ganz viel Frucht ist in die Süße verpackt, doch nie wirkt sie aufdringlich oder schwer.

Dieser gelungene Vin Pétillant hat jede Menge Witz und nimmt sich auf angenehme Weise selbst nicht ganz ernst. Er kann als Aperitif genauso passen wie zum Dessert, vielleicht zu dunkler Schokolade, zum leichten Fruchtdessert mit roten Beeren oder gar zur Heißen Liebe. Ein süßer roséfarbener Natur-Perlwein mit Niveau – keine Scheu, einfach genießen!

Alain & Elie Renardat-Fâche | 115 Rue de la Balmette | 01450 Mérignat | Tel. +33/4/74399719 | contact@renardat-fache.com | renardat-fache.com | €€

Cerdon
Renardat-Fache
2020

Italien

Entdeckung der Vielfalt

Bollicine mit Charakter

Die Liebe der Italiener zu ihren bollicine ist enorm, genauso wie die Vielfalt an Stilen, die sich innerhalb der Herkunftsbezeichnungen oft noch weiter auffächern. Gar nicht wenige Herkünfte haben Champagner-Rebsorten wie Chardonnay und Pinot Noir als Basis, andere, wie Prosecco oder Lambrusco, entwickelten sich aus lokalen Rebsorten. Über ihre Ursprungsregion hinaus sind oft nur wenige Facetten der jeweiligen Schaumweine bekannt. Dazu kamen in den letzten zehn, 15 Jahren viele lokale Schaumweine auf, wie Lugana Spumante (siehe Nummer 51) vom Gardasee, die sich aus steigendem Interesse für autochthone Sorten entwickelten.

Ein anderer Beitrag zur italienischen Vielfalt ist ein technischer. Neben Traditioneller Flaschengärung und Pétillants Naturels ist in Italien die Methode Charmat als Herstellungsmethode für hochwertige Schaumweine anerkannt. Sie heißt hier auch Metodo Martinotti, benannt nach Federico Martinotti (1860–1924), der sich in Italien etwa zur selben Zeit wie Eugène Charmat in Frankreich mit dem Tankverfahren zur Herstellung von Schaumweinen befasste.

Biologisch wirtschaftende Winzer und jene der Generation Low Intervention, Natural und Orange Wines orientieren sich wieder gern daran, wie früher Wein gemacht wurde – nach der Metodo Ancestrale. Ein Trend ist jedoch in allen italienischen Schaumweinherkünften zu finden: der zu trockeneren Stilen, von niedrig dosiertem Brut bis zu Dosaggio Zero.

Ein neuer Blick auf Altbekanntes

Veneto

Prosecco ist wohl die bekannteste Schaumweinherkunft im Veneto, jener Region, die zusammen mit Apulien die größten Mengen Wein herstellt. Genau genommen ist es Conegliano Valdobbiadene DOCG, die ausschließlich im Veneto liegt, denn Prosecco DOC reicht nach Friaul-Julisch Venetien hinein.

Alles dreht sich bei Prosecco um die Rebsorte Glera, die erst 2009 so benannt wurde, wegen der besseren Unterscheidbarkeit, hieß es. Davor hieß Glera Prosecco, was in deutschsprachigen Landen zu ihrer unglaublichen Beliebtheit beitrug, ohne dass sich je breitflächig die Erkenntnis durchsetzte, dass Prosecco der Name der Rebsorte, nicht des Weinstils oder der Herkunft ist.

Der sehr feine und leichtfüßige Weinstil wird gern einmal als nicht ernst zu nehmen abgetan. Zu Unrecht: Denn auch Leichtigkeit und Subtilität können sehr komplex und anregend sein. Dafür muss man zwar mehr als zwei bis drei Euro pro Flasche ausgeben, aber richtig teuer, also €€€€€, wird es nicht einmal bei den hochwertigen Rive- oder Cartizze-Versionen (siehe Nummer 52, 53).

Prosecco Rosé ist übrigens eine Neuerung aus 2020. Basis ist ebenfalls die weiße Glera-Traube zu mindestens 85 Prozent, der mindestens zehn, maximal 15 Prozent Pinot Noir beigefügt werden. Prosecco »Col Fondo« wiederum bezieht sich auf die älteste Form der Herstellung (siehe Nummer 47), sehr beliebt unter Bio-Produzenten der Region und eine tolle Erweiterung in puncto Geschmacksvielfalt. Diese Bezeichnung wurde nach einem markenrechtlichen Verfahren rund um die Bezeichnung »Colfondo« (in einem Wort) am Etikett offiziell durch »Sui Lieviti« (wörtlich »auf der Hefe«) ersetzt, wird aber im Sprachgebrauch weiterhin verwendet.

47 Nach Art des Großvaters

Valdobbiadene Prosecco Rifermentato in Bottiglia

Dieser Prosecco stammt aus dem berühmten Kerngebiet Valdobbiadene. Dennoch kommt hier etwas gänzlich Unerwartetes ins Glas – zart getrübt und erfrischend anders. Denn auf dem 1924 gegründeten Familienweingut Ca' dei Zago machen Marika und Christian Zanatta ihren Prosecco auch heute *»come faceva il nonno«* – wie es der Großvater zu tun pflegte.

Großvater Giuseppe Zago hatte sich mit der Méthode Charmat, den Drucktanks, in welchen moderner Prosecco in der Regel seine zweite Gärung durchläuft, nie wirklich anfreunden können. So besann er sich schon in den 1950er Jahren auf die traditionelle Metodo Ancestrale und verschrieb sich fortan ganz der Herstellung von Prosecco Col Fondo, Prosecco mit Bodensatz. Ca' dei Zago wurde zum Pionierbetrieb für erstklassigen Col Fondo. Der liegt als Pet-Nat-ähnlicher Stil heute voll im Trend, wenngleich sein Anteil an der Prosecco-Gesamtproduktion nur zwei Promille beträgt.

Qualitätsfanatiker Christian Zanatta trat mit Begeisterung in die Fußstapfen des Großvaters und will das Terroir mit größter Präzision in die Flasche bringen. Konsequent biologisch-dynamisch und in reiner Handarbeit bewirtschaftet er 6,5 Hektar Reben in den steilsten und besten Lagen von Valdobbiadene. Ein bisschen Verdiso, Bianchetta und Perera, autochthone Sorten, ergänzen die klassische Prosecco-Rebsorte Glera. Zanatta vergärt den Most spontan, für drei bis vier Tage mit Schalenkontakt. Dann wird abgepresst, die Gärung läuft in Betontanks langsam weiter, bis die Kälte sie stoppt. Erst im Frühjahr füllt er den Wein mit etwa zehn Gramm Restsüße in Flaschen, in welchen dieser wiederum spontan zu Ende gärt. Ohne jegliche Zugabe von Hefe und Zucker entsteht also dieser »Frizzante a rifermentazione spontenea in bottiglia«, ein vielschichtiger, knochentrockener Prosecco, der Feinheit, Klasse und Eleganz besitzt, wie man sie in diesem Stil nur selten trifft. Sein magischer Trinkfluss ist bezaubernd.

Azienda Agricola Ca' dei Zago | Via Roccolo 6 | 31040 San Pietro di Barbozza – Valdobbiadene | Tel. +39/0423/975395 | info@cadeizago.it | cadeizago.it | €

Ca' dei Zago
1924.
2019 • Valdobbiadene
Prosecco Denominazione di Origine Controllata e Garantita
Frizzante a rifermentazione spontanea in bottiglia
Prodotto e imbottigliato all'origine il 27 Marzo 2020
da Azienda Agricola Cà dei Zago
San Pietro di Barbozza - Valdobbiadene
0,75 ℓ ℮
11%vol
ITALIA

48_Wie der Name sagt …

Frizzante … Naturalmente Valdobbiadene Prosecco

1994 entstand das Weingut in seiner heutigen Form und Arbeitsweise mit sechs Hektar Rebflächen in Steillagen unweit der Edel-Subzone Cartizze. Kultiviert wird fast ausschließlich Glera mit etwas Verdiso, Perera und Bianchetta, Rebsorten, die kaum jemand kennt, die aber Spannendes zu einer Cuvée beitragen können. Von Beginn an, als es noch keinesfalls so trendy war wie heute, vergoren Loris Follador und seine Söhne Aldechi und Raffaele ihre Schaumweine in der Flasche. Nicht umsonst gehören sie zur ViniVeri-Gruppe, deren Mitglieder sich verpflichten, nichts zuzusetzen, was die natürlichen Vorgänge rund um die Weinwerdung beschleunigen oder beeinflussen würde.

In der Praxis sieht das so aus: Der Most aus freiem Ablauf und einer ersten, sehr sanften Pressung wird nach einer natürlichen Absetzzeit zur Vorklärung klassisch zu einem Grundwein vergoren. Wie es sich gehört – ohne Beerenhäute und im Stahltank, wo der Gärvorgang langsam mit den im Winter tieferen Temperaturen zur Ruhe kommt. Denn Hefen arbeiten lieber bei Wärme. Mit den steigenden Temperaturen im Frühling erwachen die von der ersten Fermentation übrig gebliebenen Hefen aus ihrer Winterstarre und gären den bereits in Flaschen gefüllten Wein ein zweites Mal und zu Ende. Dem trocken durchgegorenen Getränk wurde absolut nichts zugesetzt, der Prozess wurde nur von den natürlichen Temperaturen gesteuert, der Wein nicht einmal degorgiert – daher auch die Trübung im Glas. Völlig natürlich entsteht ein graziles, staubtrocken schmeckendes, feinfruchtiges Getränk mit elegantem Mousseux, enormer Tiefe und großem Trinkfluss.

»Frizzante … Naturalmente« ist der Name einer Serie von drei Weinen, deren Herstellungsweise identisch ist und die sich durch die Traubenherkunft respektive Cuvée-Zusammensetzungen unterscheiden. »Valdobbiadene Prosecco« bedeutet, dass die Trauben – von teils bis zu 80 Jahre alten Rebstöcken – aus dem hügeligen Gebiet rund um die Stadt Valdobbiadene stammen.

Casa Coste Piane | Via Coste Piane 2 | 31049 Santo Stefano di Valdobbiadene | Tel. +39/0423/900219 | info@casacostepiane.it | casacostepiane.it | €€

CASA COSTE PIANE®
Frizzante
...Naturalmente
Valdobbiadene Prosecco

49_Gleich, aber anders

Asolo Prosecco Superiore Brut

Asolo Prosecco DOCG, wie er sich seit 2009 nennen darf, ist eine durchaus erfreuliche Ergänzung zu den Schäumern aus dem weit bekannteren Gebiet Conegliano Valdobbiadene. »Montello e Colli Asolani«, so der offizielle Name, schließt südwestlich an Conegliano Valdobbiadene an und läuft hügelig in Richtung Süden aus, ideal für Glera-Reben, die einen gut drainagierten Boden brauchen, um hochwertige Trauben zu liefern. Die Böden sind die bewährte Mischung aus Mergel und Lehm und haben speziell rund um Volpago del Montello einen hohen Eisengehalt. Wühlt man ein bisschen in der Erde, sind die Finger mit rotem Staub bedeckt.

Die Geschichte der Familie Pozzobon und ihres Weinguts Case Paolin ist typisch für die 1970er Jahre in dieser Gegend. Vater Emilio kaufte das Landgut, auf dem sein Vater und Großvater als *mezzadri*, Landarbeiter im System der Halbpacht, gearbeitet hatten. Die Seidenraupenzucht wurde bald aufgegeben und Emilio konzentrierte sich auf den Weinbau mit einer Leidenschaft, die er an seine Kinder weitergab. Seine drei Söhne entwickelten das Weingut in perfekter Arbeitsteilung immer weiter – Diego in den Weingärten, Adelino im Keller und Mirco als studierter Önologe – und stellten auf biologische Bewirtschaftung um. Seit dem Jahr 2012 ist der Betrieb zertifiziert.

Ihr Asolo Prosecco Superiore liefert ein wunderbares Beispiel für den Weinstil der Gegend mit seiner eigenständigen, fast metallischen Würze. Er ist aus 100 Prozent Glera, was einem mit reifen gelben Birnenaromen *direttissima* in die Nase springt, mit fester Perlage und feinem Gerbstoff wie aus Birnenschalen. Die Intensität des Fruchtaromas lässt auf gekühlte Vergärung des Grundweins schließen. Mit sieben Gramm pro Liter Restsüße ist er perfekt eingepegelt, sodass die Schmelzigkeit weder die delikaten Frucht- und Blütenaromen überdeckt, noch Fans von Struktur und Präzision durch zu viel Weichheit abschreckt.

Case Paolin – Vignaioli di Natura | Via Madonna della Mercede 53 | 31040 Volpago del Montello | Tel. +39/0423/871433 | info@casepaolin.it | casepaolin.it | €

ASOLO
PROSECCO
SUPERIORE D.O.C.G.
BRUT
CASEPAOLIN
VIGNAIOLI DI NATURA

50 Viva il Bachera!

Wildbacher Metodo Classico Millesimato Extra Brut

Im Veneto, der viel gepriesenen Heimat des Prosecco, gibt es eine Rebsorte, die es dort eigentlich gar nicht gibt. Und trotzdem ist sie seit Generationen da. Es ist der Blaue Wildbacher, der in Italien vor mehr als zwei Jahrhunderten Fuß fasste, aber wohl nur zufällig bis heute überlebt hat. Die übermächtige Prosecco-Welle war drauf und dran, den an sich robusten Wildbacher hinwegzuspülen. In der Tat schien die dunkle, kleinbeerige Sorte dem Untergang geweiht, doch am Weingut Col Sandago in Susegana blieb erstaunlicherweise ein kleiner Restbestand erhalten.

Der Blaue Wildbacher stammt aus Österreich, genauer aus der Weststeiermark, wo man seine säurebetonten, manchmal rustikalen Roséweine von intensiver Farbe als »Schilcher« kennt. Sein Attribut »Blauer« haben die Italiener übrigens wegrationalisiert, vielleicht, weil sie mit der Aussprache von »Wildbacher« ohnehin kämpfen – im venezianischen Dialekt heißt er sogar schlicht »Bachera«. An die zehn Hektar beträgt seine Rebfläche im Veneto, immerhin vier Hektar davon besitzt Col Sandago in der Hügellandschaft rund um Treviso. Natürlich ist der Prosecco das Hauptgeschäft, doch der ungewöhnliche Wildbacher hat bei Col Sandago einen hohen Stellenwert und trägt nicht unwesentlich zur Identität des Weinguts bei. Der Besitzer Martino Zanetti hat ein Faible für die Rarität, von der zwei Schaumweine, ein Rotwein und sogar ein roter Süßwein, der Passito »Dagoberthus«, hergestellt werden.

Der Wildbacher Metodo Classico Extra Brut ist ein Millesimato, ein feiner Jahrgangsschaumwein in zartem Rosa, dessen Grundwein zum Teil im Holzfass ausgebaut wird. Er lagert mindestens drei Jahre in der Flasche auf der Hefe. Die Nase ist brotig, feinfruchtig und floral, eigenständig und spannend am Gaumen mit Bergamotten, Blutorangen, Karamell und erdiger Würze sowie einer knackigen Säure. Diese Besonderheit entwickelt sich hervorragend mit Luft und braucht ein großes Glas.

Tenuta Col Sandago | Via Barriera 41 | 31058 Susegana |
Tel. +39/0438/64468 | info@colsandago.it | colsandago.it | €€

METODO CLASSICO
WILDBACHER
COL SANDAGO
WILDBACHER
METODO CLASSICO
COL SANDAGO
WILDBACHER
METODO CLASSICO
2016
ROSÉ EXTRA BRUT

51 Der Gardasee prickelt

Lugana Spumante Le Pintade Brut

Lugana, der frische Weißwein vom Gardasee, erfreut sich großer Beliebtheit in Deutschland, vor allem in Bayern. In sprudelnder Version kennt man ihn allerdings weniger, und tatsächlich gibt es nur sehr geringe Mengen von Lugana Spumante – Tendenz aber steigend. In Peschiera del Garda, nur wenige hundert Meter vom südlichen Seeufer entfernt, liegt Filippo Bottacinis Weingut Corte Sermana mit sechs Hektar Weingärten. Zu seinem Sortiment gehören auch zwei Schaumweine, der frische, geradlinige Lugana Brut »Le Palafitte«, der nach der Méthode Charmat im Tank hergestellt wird, und der feinfruchtige Spumante »Le Pintade«. Diesen bereitet Bottacini nach der Metodo Classico, und nach drei Jahren auf der Hefe erweist er sich als herrlicher Apertif-Spumante, der mit zwei Gramm Dosage wunderbar trocken und minimalistisch angelegt ist. Zarte Hefenoten spielen mit heller Frucht, mit Pfirsich, Melone und Zitrus. »Le Pintade« ist strukturiert, kräuterig-herb, und im Abgang erfrischt die animierende Säure.

Turbiana, die typische Lugana-Rebe, ist spätreifend und hält die Säure sehr gut, weshalb sie für Schaumwein durchaus geeignet scheint. Sie läuft auch unter dem Namen Trebbiano di Lugana. Um aber die Abgrenzung von den vielen italienischen Trebbianos – von Trebbiano Toscano über Trebbiano Spoletino bis Trebbiano Abruzzese – zu verdeutlichen, hat man beschlossen, die regionale Sorte fortan als Turbiana zu kommunizieren, wie es in der Umgangssprache ohnehin schon lange gebräuchlich ist. Absicht ist übrigens, dass Corte Sermana seinen Metodo Classico trotz der geringen Dosage nicht als Extra Brut, sondern Brut bezeichnet. Bottacini ist nicht der einzige italienische Winzer, der »Extra Brut« auf seinem Schaumweinetikett vermeidet – zu omnipräsent ist restsüßer Prosecco der Stufe Extra Dry, und genau damit möchte man knochentrockenen Spumante nicht verwechselt sehen. So bleiben einige Weingüter konsequent bei Brut.

Corte Sermana | Località Sermana 1A | 37019 Peschiera del Garda |
Tel. +39/0457/550903 | info@cortesermana.it | cortesermana.it | €

DOC
CORTE
SERMANA
LE PINTADE
LUGANA SPUMANTE
DENOMINAZIONE DI ORIGINE CONTROLLATA
METODO CLASSICO

52 Süß ist nicht gleich süß

Valdobbiadene Spumante Superiore di Cartizze Dry

»Cartizze« signalisiert das Edelste unter Edlem. Aber »Dry«? Warum diese Süße, wo doch schon ein Hauch von Süße im Wein meistens bedeutet, dass irgendetwas kaschiert werden muss?

Cartizze ist eine Subzone mit 107 Hektar Rebflächen nahe Valdobbiadene, eine Art Amphitheater mit steilen Hängen in perfekter Südexposition. Die Böden sind aus Lehm, Mergel und Sandstein. Die Sonneneinstrahlung wird wie durch einen Parabolspiegel verstärkt. Am Abend wehen kühle Winde aus den Alpen im Norden, untertags kommt Wärme von der südöstlich gelegenen Adria – warme Bedingungen in einem alles in allem kühlen Setting. Aufgrund der Hangneigung ist an mechanische Bearbeitung nicht einmal ansatzweise zu denken. Gelesen wird immer recht spät, was dazu führt, dass Aromen und Inhaltsstoffe in den Beeren langsam ausreifen und natürlich konzentriert werden, die Säure bleibt erhalten.

Wie elegant ein Cartizze der Liga Dry schmecken kann, zeigt Le Colture. Das Traditionsweingut, gegründet um 1500, wird von Cesare Ruggeri und seinen drei Kindern Veronica, Alberto und Silvia geführt. Die Trauben für den Cartizze werden »fast überreif« gelesen, verarbeitet werden sie ganz klassisch, im Stahltank und nach Méthode Charmat 30 Tage lang im Tank. 23 Gramm pro Liter Restzucker bedeuten, dass man es mit einer Süße wie in perfekt ausgereiften weißen und gelben Pfirsichen sowie Mandarinen zu tun hat, unterlegt mit Süßlich-Floralem, wie Lindenblüten, und einer cremig-salzigen Perlage.

Die Besonderheiten der Lage und das Spiel zwischen Kühle und Wärme auf idealen Böden würden eben mit einem Restzucker zwischen 17 und 32 Gramm pro Liter am besten herausgearbeitet, argumentieren vor allem ältere Winzer. Und doch kommt Cartizze immer häufiger in trockenerer Form auf den Markt. Beim Cartizze von Le Colture muss übrigens rein gar nichts überdeckt werden, und darauf darf man sich als Brut-Fanatiker gern einlassen.

Le Colture | Via Follo | 31049 Santo Stefano di Valdobbiadene |
Tel. +39/0423/900192 | info@lecolture.it | lecolture.com | €€

Cartizze
VALDOBBIADENE
D.O.C.G.
LE COLTURE®
SUPERIORE
DI CARTIZZE

53_Trocken geht vor Prestige

5 Grammi Rive di Santa Maria di Feletto Extra Brut

Ein hochfeiner Prosecco ist »5 Grammi«, klangvoll mit dem italienischen »cinque« zu sprechen, der weniger mit plakativen Obstsalataromen, dafür umso mehr mit verspielten, frischen Zitrusnoten, einem komplexen Unterbau und delikater Trockenheit erfreut. Seine anregend adstringierende Mineralität hat eine dezente Note nach abgebranntem Streichholz, der Gerbstoff ist griffig, aber nicht hart, die Perlage extrem dicht und erfreulich beständig. Ein Prosecco, der angesichts der Subtilität seiner »Bestandteile« bezaubert.

Das Weingut Malibràn liegt in der Gemeinde Susegana am südlichen Saum der nach Norden hin ansteigenden Hügel, die dann später zu den Alpen werden. Im Hinblick auf das Etikett scheint es Maurizio Favrel, der das Weingut führt, wichtig, mitzuteilen, dass es sich beim Inhalt der Flasche um etwas ziemlich Trockenes handelt, so prominent wurden die »5 Grammi« ins Bild gesetzt. »Rive di Santa Maria di Feletto 2019« am unteren Rand des Etiketts überliest man fast.

Die Bezeichnung »Rive«, der immer der Name einer Gemeinde oder einer »frazione«, eines Ortes einer bestimmten Gemeinde, zugeordnet wird, steht für steile, geologisch und klimatisch spezielle Weinberglagen, die gleich nach Cartizze, also weit oben in der Qualitätspyramide des Gebiets, angesiedelt sind. 43 gibt es davon, mit einer Rebfläche von knapp 500 Hektar bei circa 8.700 Gesamt-Hektar des DOCG-Gebiets. Rive, die nicht steil genug waren, wurden übrigens bei einer Reform 2019 aussortiert. Rive-Weine sind handgelesen und haben eine Jahrgangsbezeichnung.

Auf den 15 Hektar Rebflächen von Malibràn findet man vor allem Glera, aus der auch »5 Grammi« zu 100 Prozent besteht. Seit Kurzem sind auch andere lokale Rebsorten ein Thema: Ein Boschera Metodo Classico ist angekündigt. Aus den roten Incrocio Manzoni 13.0.25 und Raboso entsteht bereits ein flieder- und rosenduftiger Rosé mit trockener, pikanter Säure. Sehr Reizvoll. Cincin!

Malibràn | Via Barca II 63 | 31058 Susegana | Tel. +39/0438/781410 | info@malibranvini.it | malibranvini.it | €

MALIBRÀN
5
GRAMMI
VALDOBBIADENE DOCG - EXTRA B
RIVE DI SANTA MARIA DI FELETTO 2019

54 Geliebte Schwestern

Particella 68 Rive di Colbertaldo Brut

Die »Sorelle«, die Schwestern, heißen Antonella und Ersiliana Bronca. Von ihren Vorfahren haben sie den Stolz auf ihr Terrain und den sorgfältigen Umgang damit übernommen und zu ihrem »progetto di vita«, ihrem Herzensprojekt, gemacht. Zu den Protagonistinnen am Weingut zählt mittlerweile auch Ersilianas Tochter Elisa.

Particella 68 ist die offizielle Katasternummer der Parzelle, von der die Trauben für diesen Spumante Brut stammen. Sie liegt im Rive di Colbertaldo und reicht von etwa 170 bis auf 204 Meter Seehöhe bei einer durchschnittlichen Hangneigung von 60 Prozent. Der Boden ist ein Konglomerat aus dem Moränenschotter, den die urzeitlichen Gletscher hierhergeschoben haben, mit einer dünnen Verwitterungsauflage. Bestockt ist die Parzelle mit Glera, die mit 90 Prozent Anteil den Grundcharakter des Spumante vorgibt, dazu Bianchetta, die Säure und Struktur pusht, und etwas Perera.

Nach der Ganztraubenpressung wurde der Grundwein im Stahltank mit viermonatigem Hefekontakt ausgebaut, bevor er nach Metodo Martinotti im Tank mit Most von Trauben aus derselben Parzelle ein weiteres Mal vergoren wurde. Er schmeckt nach einem fein zusammengesetzten Mosaik aus salzigen und hefig-nussigen Grundtönen mit unterschiedlichen Zitrusfrucht- und Birnenaromen, mit Honigmelone und einem feinen, cremigen Mousseux – insgesamt sehr trocken und schön präzise, aber weich und mit enormem Trinkfluss.

Die Particella-Idee entstand 2002, als die Schwestern jene Flecken innerhalb ihrer Flächen heraussuchten, wo sich die Trauben geschmacklich über den ohnehin hohen Standard ihrer Weingärten erheben. Cartizze, immer und überall als alles überragend gepriesen, mag als Idee und Vorbild im Hinterkopf gewesen sein. Es gibt übrigens zwei weitere Particella-Weine, 181 und 232, aus anderen Rive in anderer Cuvetierung, sowie einen sehr interessanten Prosecco Rosé aus 90 Prozent Glera und zehn Prozent Pinot Noir.

Sorelle Bronca | Via Martiri 20 | 31020 Colbertaldo di Vidor |
Tel. +39/0423/987201 | info@sorellebronca.com | sorellebronca.com | €€

SORELLE BRONCA
PARTICELLA
68
SORELLE BRONCA

Jugendlich traditionell – unverdient unbekannt

Lombardei – Franciacorta & Oltrepò Pavese

Franciacorta hat den Ruf, der edelste aller Schaumweine Italiens zu sein, die Geschichte des Gebiets als Schaumweinherkunft ist allerdings sehr jung. 1961 kamen die Berlucchi-Brüder gemeinsam mit ihrem Önologen Franco Ziliani nach einer Tour durch die Champagne erstmals auf die Idee, auch in ihrer Heimat mit der Champagner-Herstellungsmethode der Klassischen Flaschengärung zu experimentieren. Vom Grundwein her sollte es passen: Kalkreiche Böden hatte man auch vor der eigenen Haustür. Und Chardonnay und Pinot Noir können unter vergleichsweise kühlen Umständen auch im Dreieck zwischen Lago d'Iseo, Monte Orfano und Brescia wachsen. Als dritte Rebsorte kam Pinot Blanc sozusagen als »Supporting Actor« dazu. Lange wurde Franciacorta als Champagner-Kopie abgetan, was nur insofern stimmte, als man sich in puncto Marketing und der Strenge des Reglements durchaus daran orientiert hat. Aber Franciacorta hat sich freigespielt und heute seinen eigenständigen Ruf gefestigt. Ganz generell folgt man übrigens auch in der Franciacorta dem Generaltrend zu trockeneren Stilen und ökologischeren Bewirtschaftungsformen, insbesondere die jüngere Generation. Vier Rebsorten sind für Franciacorta zugelassen: Chardonnay, Pinot Noir, Pinot Blanc und seit 2017 die lokale Rebsorte Erbamat (siehe Nummer 57).

Pavese bezieht sich auf die lombardische Stadt Pavia und die gleichnamige Provinz südlich von Mailand. Das nur wenigen bekannte Weinbaugebiet, in dessen bezaubernder Landschaft nicht nur herrliche Schaumweine entstehen, liegt auf der von der Stadt Pavia aus gesehen anderen Seite des Po, »oltre Po« eben. Das Hügelland bietet vor allem Pinot Noir hervorragende Bedingungen, von dem es dort etwa 3.500 Hektar Rebflächen gibt und der das Rückgrat der Schaumweine in Weiß und Rosé bildet. Ergänzt wird er durch Chardonnay, Pinot Blanc und Pinot Gris. Metodo Classico ist Voraussetzung, um DOCG-Status zu erhalten.

55 Flüssiger Gegenbeweis

Brut Nature

»1701« ist ein junges Projekt. Gegründet wurde der Betrieb 2012 von den Geschwistern Silvia und Federico Stefini, die sich in den 300 Jahre alten Gemäuern der Conte Bettani Cazzago einmieteten und deren Weingärten übernahmen. Der Name 1701 bezieht sich auf das Baujahr des Anwesens. Das Herzstück, der Weingarten Brolo mit knapp vier Hektar, ist von einer Mauer aus dem 11. Jahrhundert umgeben. Von Anfang an wurden die heutigen elf Hektar biodynamisch bearbeitet, seit 2016 gibt es eine Demeter-Zertifizierung.

Eine biodynamische Zertifizierung ist rar in Franciacorta, es gibt zum Zeitpunkt des Entstehens dieses Buches gerade einmal zwei Betriebe mit dieser Bewirtschaftungsform, dafür etwa 60 biologisch zertifizierte. Die Stefinis lesen per Hand, die jeweiligen Chargen aus der Pressung werden in Stahltanks separat vergoren. Für andere Schaumweine und die wenigen Stillweine werden auch Amphoren und Betontanks verwendet. Keiner der natürlichen Abläufe bei der Weinwerdung wird beschleunigt.

Brut Nature ist zu 85 Prozent aus Chardonnay, der Rest ist Pinot Noir. Der Grundwein wurde in Edelstahl und Zement spontan vergoren. Die zweite Gärung wird mit Most desselben Jahrgangs ausgelöst, der gekühlt aufbewahrt wurde. Danach bleiben die Weine mindestens 30 Monate in Kontakt mit der Hefe, manchmal länger, und werden beim Degorgieren mit demselben Weintyp ohne Zucker oder sonstige Zusätze aufgefüllt – alle Schaumweine der Stefinis kommen übrigens ohne Dosage aus.

Dem Franciacorta sagt man gern nach, er eifere dem Champagner nach. Hier trinkt man den Gegenbeweis. Glasklar, doch sehr subtil in den Aromen, aber soft im Zugang. Für jene, die sich mit dem Franciacorta-Stil gerade anfreunden, ist dieser knochentrockene Brut Nature mit seiner messerscharfen Säure und dem sehnigen Körper im Finish eine wilde Herausforderung. Andererseits ist er in seiner Art ein wunderbarer Botschafter des neuen Franciacorta.

1701 Franciacorta | Via Galileo Galilei 44 | 25046 Cazzago San Martino | Tel. +39/030/7750875 | info@1701franciacorta.it | 1701franciacorta.it | €€

1701
1701
BRUT
NATURE
FRANCIACORTA

56_Spumante-Galerie

Vintage Collection Millesimato Brut

Ca' del Bosco gehört zu den ersten Häusern des Weins, gesamtitalienisch betrachtet. Maurizio Zanella, Sohn eines Mailänder Transportunternehmers, gründete den Betrieb 1969 am Landsitz seiner Mutter, Annamaria Zanella, in Erbusco und ist bis heute eine treibende Kraft für das Gebiet. Das Weingut funktioniert präzise wie ein Uhrwerk und ist außerdem auch eine Kunstgalerie. Im Garten und im Gebäude findet man viele Skulpturen von zeitgenössischen Künstlern. Den halben Marmorkopf von Igor Mitoraj im Garten oder das lebensgroße Bronze-Rhinozeros von Stefano Bombardieri, das in der Produktionshalle von der Decke hängt, vergisst wohl kein Besucher so rasch.

Neben dem häufig besungenen Flaggschiff-Spumante »Annamaria Clementi« ist die Serie Vintage Collection beachtenswert. Vintage Collection Brut gefällt mit weichen Aromen nach Mandarinen, Zitrus, Himbeeren und hellem Toast. Er hat eine cremige Perlage und ist prächtig trocken im Abgang, ein Schaumwein, der viele Vorlieben abdeckt und trotzdem spannend bleibt. Er ist aus Chardonnay und Pinot Blanc mit einem prominenten 30-Prozent-Anteil Pinot Noir. Die geringe Dosage folgt dem Zeitgeist, sie wurde im Lauf der Jahre immer weiter heruntergesetzt und liegt derzeit bei 0,5 Gramm pro Liter. Ungewöhnlich bei der Vinifikation ist, dass die Trauben vor Beginn der eigentlichen Verarbeitung gewaschen und getrocknet werden. Sie werden unter Ausschluss von Sauerstoff gequetscht und in kleinen Eichenfässern vergoren, wo der Wein fünf Monate bleibt, bevor er per Schwerkraft in Reifetanks umzieht. Nach weiteren zwei Monaten werden die einzelnen Chargen verschnitten und nach der zweiten Gärung in der Flasche durchschnittlich 48 Monate auf der Hefe belassen.

Natürlich könnte man hier alle möglichen Vorurteile in puncto Mainstream anwerfen, aber solange er derart gute Schaumweine hervorbringt, darf er gern Mainstream bleiben.

Ca' del Bosco | Via Albano Zanella 13 | 25030 Erbusco |
Tel. +39/030/7766111 | cadelbosco@cadelbosco.com | cadelbosco.com | €€€

2015
Ca'del Bosco
FRANCIACORTA
Vintage Collection
2015
BRUT

57 Erstklassiger Auftakt

Ammonites Brut

Weine der Einsteigerklasse – ohne Satèn, Jahrgang oder Riserva – bieten eine gute Möglichkeit, sich dem Franciacorta-Stil zu nähern. Stefano Camiluccis »Ammonites« ist ein besonders gelungenes Beispiel. Er duftet nach Zitrusfrüchten und Orangenblüten. Ein dezenter herber Ton wie von Zitruszesten ist genau richtig justiert, damit der Schäumer nicht unangenehm bitter, sondern erfrischend schmeckt. Aromen von frischen Küchenkräutern wie Melisse und Minze verstärken die Frische und heben die Komplexität. Die Perlage ist angenehm belebend, die Säure weich und saftig wie von Meyer-Zitronen, die man aufgrund ihrer Sanftheit gern für Limonaden oder Zitronenkuchen verwendet. Der Wein setzt mit der Zeit dezente Vanillearomen frei und endet trocken. Ammonites perlt fröhlich vor sich hin, ohne zu langweilen oder zu überfordern. Angesichts der Reife der Fruchtaromen und der sanften Säure reichen drei Gramm Restzucker, um ihn richtig geschmeidig und erfreulich rund zu machen.

Ammonites besteht zu 70 Prozent aus Chardonnay und zu 20 aus Pinot Noir, ergänzt durch Pinot Blanc. Mittlerweile darf Franciacorta aus vier Rebsorten gemacht werden: Chardonnay, Pinot Noir, Pinot Blanc und Erbamat, eine rare lokale Rebsorte, die man – wenn überhaupt noch – im Vallagarina im Trentino und am westlichen Ufer des Gardasees findet. Sie hat etliche Synonyme und ist möglicherweise bekannter als Verdealbara. Zart aromatisch und sehr säurebetont macht sie sich gut in Grundweinen. 2017 wurde sie als erste autochthone Rebsorte ins Franciacorta-Regelwerk aufgenommen. Während man Franciacorta früher gern auf Champagner bezogen hat, ist das heute kein Thema mehr. Erbamat bringt ergo etwas Lokalkolorit ein und wirkt mit ihrer Säuerlichkeit auch dem oft vorgebrachten Franciacorta-Kritikpunkt der zu milden Grundweine entgegen. Geschmacklich wird sie frühestens mit den Jahrgängen 2020 und 2021 zum Tragen kommen.

Camilucci | Via delle Selve 1 | 25050 Paderno Franciacorta |
Tel. +39/030/7702739 | info@camilucci.it | camilucci.it | €€

CAMILUCCI
FRANCIACORTA
CAMILUCCI
AMMONITES

58 Lob dem Minimalismus

Blanc de Blancs Dosaggio Zero

Alessandra Divella ist zwar in der berühmten Franciacorta aufgewachsen, aber familiärer Wein-Background fehlt. Zum Wein fühlte sich die junge Frau dennoch hingezogen, verbrachte viel Zeit mit Winzern, und das Gefühl beschlich sie, irgendwie am richtigen Platz gelandet zu sein. Sie sammelte Arbeitserfahrung und pachtete schließlich zwei Hektar mit Chardonnay und Pinot Noir in den windigen Hügeln von Gussago. In dieser östlichsten Ecke von Franciacorta gibt es neben Lehm auch Kalkgestein im Untergrund – einzigartig für das Gebiet. »Der Kalk stammt aus dem Jura, und das Klima ist sowohl von den Alpen als auch vom See beeinflusst, also gibt es immer Thermik. Diese Bedingungen verleihen den Weinen große Tiefe«, sagt Divella. Ihre Schaumweine heben sich klar vom Mainstream der Franciacorta ab. Die Biowinzerin presst die Trauben mit einer kleinen altmodischen Korbpresse und vergärt die Weine spontan in Barriques und 500-Liter-Fässern. Ihr minimalistischer Zugang zum Weinmachen folgt der Low-Intervention-Philosophie – kein Schwefel, keine Filtration, keine Dosage –, aber selbstverständlich nach Metodo Classico. Zwei Jahre reift der Blanc de Blancs Dosaggio Zero von 100 Prozent Chardonnay – der erste Jahrgang war 2014 – auf der Hefe. Er kommt als völlig ungeschminkter Natur-Schaumwein mit viel Zitrusfrucht, eine Spur nussig-oxidativ, mit Kräuter- und dunklen Briochenoten daher. Der markante Säurekick, der mineralische Zug und der feine Grip erfrischen am Gaumen. Insgesamt produziert Divella jährlich 9.000 Flaschen von sechs verschiedenen Weinen. Aus zwei Hektar Weingärten sollen bald drei werden.

Alessandra Divella steht hier als Vertreterin einer kleinen Parallelwelt, die sich im renommiertesten Schaumweingebiet Italiens formiert hat. Auch bei den Weingütern Cà del Vént, Il Pendio, Casa Caterina oder Nicola Gatta werden jene fündig, die gern abseits vom Mainstream trinken.

Azienda Agricola Divella | Via San Rocco 35 | 25064 Gussago | info@alessandradivella.com | alessandradivella.com | €€€

DOSAGGIO ZERO
DIVELLA
GUSSAGO - ITALIA

59__In Seide gehüllt

Satèn Brut

Satèn ist eine Besonderheit in Franciacorta und nur dort zu finden. Der Name erinnert nicht von ungefähr an Satin oder Seide. Sein extrafeines Mousseux hat eine besonders cremige, seidig schmeichelnde Textur, die rein technisch betrachtet durch weniger Druck in der Flasche entsteht. Während der klassische Spumante fünf bis sechs Bar Druck aufbaut, bleibt Satèn unter fünf. Satèn muss ein Blanc de Blancs der Klasse Brut sein und wird in vielen Fällen nur aus Chardonnay gemacht, dürfte aber auch bis zu 50 Prozent Pinot Blanc enthalten.

Reinsortiger Chardonnay ist es auch im Fall des Satèn Brut des Weinguts I Barisèi. Probiert wurde der Jahrgang 2015, ein heißes, trockenes Jahr mit sehr früher Lese, bei der der Lesezeitpunkt mit einem scharfen Blick auf den Erhalt der Säure gewählt werden musste. Das ist beim I Barisèi Satèn gut gelungen. Er besticht mit einer attraktiven, eigenständigen hellen Körnerwürzigkeit, zudem mit reifen gelben Früchten wie Quitten und gelben Äpfeln. Besonders schön sind die extrafeine, geschmeidige Perlage und die zurückhaltende Dosage mit sechs Gramm.

I Barisèi bezeichnet die Mitglieder der Bariselli-Familie, die sich seit 1898 Schritt um Schritt über vier Generationen von Landwirten mit Viehwirtschaft zu Winzern entwickelt haben. Zunächst wurde vor allem Rotwein für den Eigengebrauch erzeugt, in den 1970er Jahren auch Chardonnay, allerdings als Traubenproduzent für größere Häuser. Sie führten einen der ersten Agriturismo-Betriebe in der Region, als Tourismus noch nicht das große Thema war. Für den Beherbergungsbetrieb wurde ein eigener Wein erzeugt, der immer stärker nachgefragt wurde. So entstand 2003 in Erbusco das Weingut in seiner heutigen Form.

Satèn wird wegen seiner Geschmeidigkeit übrigens gern als anpassungsfähiger Speisenbegleiter angepriesen, darf aber ohne Weiteres auch solo genossen werden.

I Barisèi | Via Bellavista 1/A | 25030 Erbusco | Tel. +39/030/7356069 | info@ibarisei.it | ibarisei.it | €€

CUVÉE
MILLESIMATA
2015
IBARISÈI
IN VIGNA DAL 1898
Franciacorta
SATÈN

60 Aufregung im Schloss

Ancestrale Rosé 36 Brut

Oltrepò Pavese, die abwechslungsreiche Hügellandschaft im Hinterland von Pavia, ist im deutschsprachigen Raum weitgehend unbekannt. Zwischen Wiesen, Wäldern, Obstgärten und Ackerland gibt es aber nicht wenige Weingüter, die mit erstklassigen Schaumweinen von Pinot Noir überraschen.

Castello di Stefanago, ein Schloss aus dem 11. und 12. Jahrhundert, das über den kleinen Ort Borgo Priolo wacht, liefert mit seinem Ancestrale Rosé 36 einen besonders aufregenden Stil. Die Herstellung nach der Metodo Ancestrale verläuft grundsätzlich ähnlich wie bei einem Pet Nat: Der Wein wird noch während seiner ersten Gärung in Flaschen gefüllt und gärt dort zu Ende. So entsteht in der Regel rasch trinkfertiger, mehr oder weniger hefetrüber, fröhlicher Sprudel.

Antonio und Giacomo Baruffaldi von Castello di Stefanago, die 20 Hektar Weinberge biologisch bewirtschaften, hatten eine ganz andere Idee von ihrem Ancestrale Rosé. Im Keller des Schlosses lassen sie ihn spannenderweise für 36 Monate auf der Hefe weiterreifen. Während dieser Zeit legt er an Komplexität ordentlich zu. Danach werden die Hefepartikel ganz klassisch abgerüttelt, die Flaschen degorgiert und mit Wein der gleichen Charge – ohne Dosage – aufgefüllt. So entsteht ein feiner rotfruchtiger Spumante, klar und brillant, ein ganz eigenständiger Rosé-Schaumwein, dessen intensive Kräuterwürze an Wermutkraut und Wacholder erinnert. Seine kräftige, gut eingebaute Struktur, die lebhafte und feine Perlage sowie die Abwesenheit von Restsüße machen ihn höchst trinkanimierend. Und weil der Ancestrale 36 so gut zum Essen passt – wir denken zum Beispiel an gebackenen Fisch, gegrilltes Gemüse oder würzige Pilzgerichte –, sei eines nochmals ganz klar gesagt: Schaumweine werden als Speisenbegleiter generell unterschätzt. Viel zu oft kommen sie lediglich als Aperitif zum Einsatz, dabei können sie herrlich ein ganzes Menü begleiten.

Azienda Vitivinicola Castello di Stefanago | Località Stefanago | 27040 Borgo Priolo | Tel. +39/335/6992052 | info@castellodistefanago.it | castellodistefanago.it | €€

Stefanago
36
Ancestrale Rosé
36
CASTELLODISTEFANAGO

61 Zero Zucker in luftiger Höh'

Metodo Classico Pinot Nero Millesimato Pas Dosé

Seit einigen Jahren erweist sich immer wieder die Höhenlage als entscheidendes Kriterium für Frische und Eleganz im Schaumwein, so auch im Südzipfel der Lombardei. Dafür ist der knochentrockene Pas Dosé von Torre degli Alberi ein strahlendes Paradebeispiel. Die Pinot-Noir-Trauben, aus denen er gekeltert wird, wachsen in den markanten Hügeln des Oltrepò Pavese, auf 500 Metern über dem Meeresspiegel. Im Zentrum des gleichnamigen Dorfes Torre degli Alberi steht ein imposanter Turm aus dem 14. Jahrhundert, seit jeher im Besitz der Adelsfamilie Dal Verme, die hier ihren landwirtschaftlichen, seit 20 Jahren biozertifzierten Betrieb führt.

Der Weinbau stand lange Zeit nicht im Fokus, sondern die Zucht von Geflügel und Rindern der Rasse Limousin. Dennoch gab es auch immer einen Weinberg, der aufgrund der Höhenlage allerdings keine konstante Traubenqualität lieferte. Die Erwärmung durch die Klimakrise hat allerdings die Bedingungen für die Reben entscheidend verbessert. Camillo und Filippo Dal Verme konnten den alten Weinberg 2010 wiederbeleben und die Herstellung von Qualitätsschaumweinen nach Klassischer Flaschengärung erfolgreich in den landwirtschaftlichen Betrieb integrieren. Den Dünger für die Weinreben liefern die rotbraunen Limousin-Rinder.

Der Weinbau geht bei Torre degli Alberi heute auf vier Hektar in den höchstgelegenen Weinbergen des gesamten Oltrepò Pavese über die Bühne. Hier herrscht ein kühles Klima mit einem markanten Wechsel von warmen Tagen und kühlen Nächten, die Hitze aus dem Flachland hat kaum Einfluss. Das garantiert Trauben mit gutem Säuregehalt, die zwei oder drei Wochen später als in der Ebene geerntet werden und ideal für die Herstellung von Schaumweinen sind. Der Metodo Classico Pas Dosé hat Klasse – er ist finessenreich, kühl und pflanzlich-herb in der Nase, klar fokussiert, feinperlig und herrlich erfrischend.

Azienda Agricola Dal Verme | Torre degli Alberi 39 | 27061 Colli Verdi | Tel. +39/333/8235792 | info@torredeglialberi.it | torredeglialberi.it | €€

CONTI DAL VERME
METODO CLASSICO
TORRE DEGLI ALBERI
PAS DOSÉ

Lambrusco – besser als sein Ruf

Emilia-Romagna

Wer Emilia sagt, sollte gewillt sein, Lambrusco zu sagen. Das fällt nicht jedem leicht. Lambrusco ist zwar dank der seit den 1950er Jahren in der ganzen Welt verbreiteten Pizzerien durchaus bekannt außerhalb der Emilia, dem westlichen Teil der Region Emilia-Romagna im Herzen Norditaliens. Bedauerlicherweise aber nicht für das, was Lambrusco auszeichnet, nämlich dass er in seiner trockenen Form ein fröhlicher, erfrischend fruchtiger und dennoch anspruchsvoller Wein und wunderbarer Speisenbegleiter sein kann. Und das in einer derartigen Vielfalt, dass selbst die größten Zweifler »ihren« Stil finden.

Lambrusco ist eine Reben-Großfamilie, auch wenn laut einer Studie von 2001 nur acht davon tatsächlich eng verwandt sein sollen. Die drei bekanntesten Mitglieder heißen Lambrusco di Sorbara, Lambrusco Grasparossa di Castelvetro und Lambrusco Salamino di Santa Croce. Die Ortsnamen verweisen auf ihre engeren Herkünfte nördlich und südlich von Modena. In den Cuvées findet man weiters Lambrusco Marani, Lambrusco Maestri, Lambrusco Montericco und Ancellotta als Farbgeber.

Sorbara, der roséfarbene, durchscheinende Lambrusco, ist leichtfüßig, floral und fruchtig mit knackiger Säure und steht derzeit hoch im Kurs, möglicherweise wegen seiner Ähnlichkeit zu den weltweit beliebten Rosés. Zuletzt profitierte Lambrusco sehr von neuen oder wiederentdeckten Herstellungsmethoden, wie Metodo Ancestrale oder »Rifermentazione in Bottiglia«. Dazu kommen Stile, die aus anderen Regionen übernommen wurden, wie Spumante aus weiß vergorenen Trauben oder Grundwein, der in Amphoren vergoren wurde. All das trug dazu bei, dass das Bewusstsein für Herkunft und Möglichkeiten des Lambrusco wieder geschärft wurde.

In seiner Rolle als Speisenbegleiter kommt die deftige Wurst-, Schinken- und Käsekultur der Emilia ins Spiel. Auch Pasta al ragú, selbst Pizza mit viel Tomatensoße, heftig Gewürztes, sogar Scharfes wie Thai oder Indisch passen hervorragend.

62 Beton und Bottiglia

San Vincent Vino Frizzante Rosato Sur Lì

Wer Gianluca Bergianti sucht, wird bei Terrevive fündig. So lautet der Name des Agrarprojekts, das 2008 von ihm und seiner Frau Simona Zerbinati, einer Agrarökonomin, gegründet wurde. Der Betrieb mit insgesamt 16 Hektar liegt etwa 20 Kilometer nördlich von Modena mitten im Sorbara-Land. Neben dem Weinbau auf etwa fünf Hektar gehören auch Gemüse, Kräuter, Obst, Getreide und Tiere dazu. Von Beginn an wurde nach biodynamischen Prinzipien gearbeitet. Ihr Tun beschreiben Simona und Gianluca jedoch lieber mit dem Begriff »traditionell«, weil sie gern Arbeitstechniken verwenden, die aus der Zeit stammen, als die Mechanisierung noch nicht alles durchdrungen hatte.

San Vincent Rosato mit seinen dezenten Himbeer- und Rosenaromen und einer sauerkirschenartigen Säuerlichkeit ist ein prächtiges Beispiel für einen Sorbara der modernen Art. Der Wein tänzelt leichtfüßig und wunderbar trocken über die Zunge, ist dennoch geradlinig mit feinem mineralischen Unterbau und höchst animierendem Trinkfluss. Der San-Vincent-Grundwein vergärt spontan im Betontank, nach etwa 24 Stunden Kontakt mit den Beerenhäuten. Zum Schäumen gebracht wird er nicht im Tank, sondern mittels »Rifermentazione in Bottiglia«. San Vincent ist nicht degorgiert, weshalb man mit der Flasche ruhig und gelassen umgehen sollte.

Bergianti macht seine Weine in einem oberirdischen »Keller«, einem fensterlosen Betonbau, über dem ein Erdhügel aufgeschüttet wurde. Darauf wachsen Haselnüsse und anderes Buschwerk, sodass die Temperatur innen konstant bei etwa 15 Grad liegt. Bei der Konstruktion ließ er sich von den früheren Eiskellern inspirieren. Terrevive ist in ein lokales Netzwerk von Betrieben eingebunden, zu dem unter anderem eine Lehrgärtnerei gehört. Dort werden Menschen mit besonderen Bedarfen, die auch in Bergiantis Weingärten mitarbeiten, in biodynamischer Landwirtschaft ausgebildet.

Società Agricola Terrevive | Via Paganelle Guerri 15 | 41012 Gargallo di Carpi | Tel. +39/349/5227337 | g.bergianti@gmail.com | terrevive.net | €€

63 Mit den Großen spielen

Trentasei Vino Spumante di Qualità

Cantina della Volta gehört der Familie Bellei, ein bekannter Name in Lambrusco-Landen, sind sie doch seit 1920 Unternehmer in Sachen Wein. Christian und sein Vater Giuseppe hegen eine große Vorliebe für hochqualitativen Sprudel und besuchten daher häufig die Champagne, wo Christian auch ausgebildet wurde. Vater Giuseppe pflanzte in den 1980er und 1990er Jahren Chardonnay und Pinot Noir, um dem Ideal näher zu kommen. Die Belleis vertieften sich in die Traditionelle Flaschengärmethode. Nachdem Christian 2010 übernommen hatte, wurde die Cantina völlig neu aufgestellt. Heute werden alle Weine des Hauses, auch jene aus Lambrusco-Trauben, per Metodo Classico produziert.

Trentasei ist ein prächtig gelungener Spumante Rosé aus 100 Prozent Lambrusco di Sorbara, der hellsten und leichtfüßigsten Variante. Am Gaumen grüßt Italien mit weichen, saftigen Aromen nach Hagebutten und Erdbeeren, die durch eine feine Säuerlichkeit wie in Rhabarber und eine Würze wie in grünen Küchenkräutern eine feste Struktur und eigenständige Balance bekommen. Der Schaumwein, der übrigens Christians Vater gewidmet ist, erzeugt mit einer cremig-salzigen Perlage ein bezauberndes fruchtig-trockenes Mundgefühl.

Die Herstellung ist klassisch – im Sinne von Sekt: Für den Grundwein wird nur der Seihmost verwendet und im Stahltank vinifiziert. Nach der Prise de mousse und 36 Monaten Hefekontakt wurde er mit einer Dosage von 5,5 Gramm pro Liter gefüllt.

Lambrusco Spumante Metodo Classico Rosé, ein anderer Sorbara des Hauses, wurde übrigens in der Entstehungszeit des Buchs in einer Rosé-Serie mit Fred Loimers Brut Reserve (siehe Nummer 97) und einem Brut des Weinguts Eymann aus der Pfalz präsentiert. Er schlug sich prächtig. Dass sich Lambrusco mit »richtigen« Schaumweinen misst, war für die meisten eine riesige positive Überraschung und rückte hoffentlich ein paar Vorurteile in puncto Lambrusco zurecht.

Cantina della Volta | Via per Modena 82 | 41030 Bomporto |
Tel. +39/059/7473312 | info@cantinadellavolta.com |
cantinadellavolta.com | €€€

64 Kreise schließen sich

Vigneto Cialdini Lambrusco Grasparossa

Grasparossa ist die dunkelste und kraftvollste Version der Lambrusco-Reben, sehr tanninreich, mit durchaus kräftiger Säure ausgestattet und früher oft mit Restsüße versehen, um dem Tannin und der Säure etwas entgegenzuhalten. Heute wird er auch gern trocken ausgebaut, und das steht ihm gut. Das Grasparossa-Gebiet liegt südlich von Modena rund um die Stadt Castelvetro am Fuße sanfter Hügel, die zum Apennin gehören. Anders als Sorbara und Salamino, die Böden aus Sand und Schlick bevorzugen, liebt Grasparossa Schotter und Lehm. Beides wurde vom Fluss Guerro in diese Gegend gebracht, in der auch die Tenuta Cialdini liegt, eines von mehreren Landgütern der Familie Chiarli.

Die Chiarlis zählen zum Lambrusco-Hochadel. Sie begannen vor etwa 160 Jahren als Wirte, die aufgrund der Nachfrage nach ihren Weinen zu Winzern wurden. In den Jahrzehnten ihres Wirkens trugen sie immer wieder zu technischen Entwicklungen bei: Ende der 1950er Jahre verwendeten sie statt der bis dato üblichen Metodo Ancestrale erstmals Tanks und die Méthode Charmat. Das Ergebnis waren größere Mengen an aromatischeren Weinen, hergestellt unter kontrollierbaren Bedingungen.

Vigneto Cialdini ist der Cleto-Chiarli-Vorzeige-Grasparossa, der wunderschöne florale Aromen nach Flieder und Rosen mit kräftiger schwarzer Johannisbeere verbindet – insgesamt ein leicht rauer, dafür schön fleischiger, äußerst erfrischender Auftritt mit einer prächtigen salzig-cremigen Schaumkrone, die sich beim Einschenken bildet. Er schmeckt ideal zu auf Holzkohlenfeuer Gegrilltem und zu allen Speisen mit viel Tomatensoße.

Chiarli-Weine gibt es heute unter zwei Labels: »Chiarli Modena« für die Easy-Drinking-Linie und »Cleto Chiarli – Tenute Agricole«, für die mit Trauben-Herkünften und unterschiedlichen Produktionsmethoden gespielt wird. Wobei hier auch der Metodo Ancestrale wieder eine Rolle zukommt.

Cleto Chiarli Tenute Agricole | Via Belvedere 8 | 41014 Castelvetro di Modena | Tel. +39/059/3163311 | export@chiarli.it | chiarli.it | €

CHIARLI CLETO
CLETO CHIARLI
VIGNETO
CIALDINI
DA UNA SINGOLA VIGNA DI GRASPAROSSA DOC
VIGNETO
CIALDINI
DA UNA SINGOLA VIGNA DI GRASPAROSSA DOC
CLETO CHIARLI

65_Form und Funktion

Rosso Salamino Metodo Classico Brut

Der Name Lambrusco Salamino di Santa Croce erinnert nicht zufällig an Salami. Die Form der Trauben, zylindrisch und länglich, lässt an die Form der Wurst denken. Salamino ist die am meisten ausgepflanzte Variante des Lambrusco und das Missing Link zwischen Sorbara und Grasparossa. Er verbindet die leichtfüßige Duftigkeit des Sorbara mit der Power des Grasparossa, ohne dass die Säure zu spitz oder das Tannin zu mächtig wird. Bedauerlicherweise gibt es Salamino viel zu oft in süßlichen Versionen. Denn Brut, wie bei diesem Salamino Rosso von Lini 910, steht ihm ausnehmend gut.

Salamino Rosso Brut wird mit Metodo Classico gemacht. Durch den längeren Kontakt mit den Hefen nach der zweiten Gärung entstehen ein feineres, elegantes Mundgefühl, aromatische Komplexität und eine verlängerte Lagerfähigkeit, während Lambrusco generell lieber frisch als gereift getrunken werden sollte. Beim Reinriechen denkt man an reifen Rotwein mit Würze nach trockenem Herbstlaub und feuchter, frischer Erde, danach kommt ein Schwall von Kirsche, Heidel- und schwarzen Johannisbeeren, eine florale Note wie Veilchen und eine feine Perlage, die anders als bei Metodo-Charmat-Lambrusco eher an klassischen Sekt erinnert. Für Lambrusco nach Metodo Charmat gibt es bei Lini 910 eine eigene Serie namens »Labrusca«, zu der auch ein seltener weiß vinifizierter Salamino gehört.

Die Familie Lini kommt wie auch die Rebsorte Salamino aus Correggio nordwestlich von Modena. 1910 gründete Urgroßvater Oreste das Weingut, das heute etwa 25 Hektar hat. Ursprünglich eiferte man auch hier dem Champagner nach und orientierte sich an Metodo Classico und Pinot Noir, aber es gab auch Lambrusco. Heute ist die vierte Generation verantwortlich mit Alicia Lini als Frontfrau. Eigentlich studierte sie Ballett, später Unternehmensführung. Über eine Seminararbeit zum Unternehmertum im Weinbusiness fand sie zurück zu den Wurzeln ihrer Familie.

Lini Oreste e Figli | Via Vecchia Canolo 7 | 42015 Corregio |
Tel. +39/0522/690162 | info@lini910.it | lini910.it | €€

LINI 910
In Correggio
LINI 910
Metodo Classico
Rosso
LAMBRUSCO MILLESIMATO 2009

66 Innovative Urgesteine

Concerto Lambrusco Reggiano

Concerto ist geschmacklicher Prototyp und ein Klassiker des trockenen Lambrusco Salamino. Erstmals entstanden im Jahrgang 1994, unterschied er sich in vielem von dem, was damals in Sachen Lambrusco gang und gäbe war. Denn die Medici beschlossen sehr früh, dass der Weg der 1980er Jahre, immer mehr industriell hergestellten, süßlichen Lambrusco in die Welt zu schleudern, nichts für sie sei. Die Trauben für Concerto stammten von einem einzigen Anwesen, die Rebstöcke waren nicht auf Pergola gezogen, sondern auf Guyot, der Ertrag wurde auf etwa 40 Prozent der üblichen Quote heruntergeschraubt, und der fertige Lambrusco war trocken.

Der aktuelle Concerto ist dunkel, fast lilafarben und schmeckt intensiv nach roten und schwarzen Johannisbeeren, dunklen Kirschen und Himbeeren, unterlegt durch eine elegante, an Rosen erinnernde florale Note. Er schäumt fein und nachhaltig vor sich hin, hat etwas Zartes, dazu aber Tannin wie in guter hochprozentiger Schokolade: trocken, aber nicht bitter. Der Restzucker beträgt neun Gramm pro Liter, minimal variierend je nach Jahrgang. 2020 ist der erste biologisch zertifizierte.

Auch die Familie Medici ist Reggio-Urgestein. Zum Betrieb gehören heute etwa 80 Hektar verteilt auf fünf »Tenute«, Anwesen, in den Provinzen Reggio und Modena. Seinerzeit besaß man drei gut eingeführte Osterien und gründete 1890 ein Weingut, um sich konstant mit qualitätsvollem Wein versorgen zu können. Die Medici kultivieren daher nicht nur die Haupt-Lambrusco-Sorten, sondern auch einige Hektar der weniger bekannten Lambrusco-Varianten wie Maestri und Marani, den übrigens eine eigenwillige Tomatensaftnote auszeichnet, oder die Färbertraube Ancellotta, die sich alle in ihren Cuvées wiederfinden – nicht nur aus weinkulturellen Gründen, sondern weil sie den Geschmack verfeinern. Sie setzen auch alle Methoden ein, so wird der ebenfalls empfehlenswerte »Phermento« nach Metodo Ancestrale gemacht.

Medici Ermete & Figli | Via Isacco Newton 13/a | 42124 Gaida | Tel. +39/0522/942135 | info@medici.it | medici.it | €

2020
Arte e
CONCERTO®
REGGIANO
DENOMINAZIONE DI ORIGINE
CONTROLLATA
LAMBRUSCO
DAI NOSTRI VIGNETI
MEDICI ERMETE

Alta Langa und Trentodoc im Aufwind

Piemont, Südtirol & Trentino, Sizilien

Ideen, dass sich das Piemont, Trentino & Co. für Schaumweine eignen, existieren seit 150 Jahren. Man orientierte sich immer schon gern an Frankreich. Nachdem einige Wein-Protagonisten das Land bereist oder sogar dort gearbeitet hatten, kam es ab 1850 etwa im Piemont zu ersten Versuchen, Schaumweine wie in der Champagne herzustellen. Chardonnay und Pinot Noir waren dort bereits ausgepflanzt. Um 1900 bekundeten einige Wermut-Produzenten der Region erstmals offiziell Interesse, ihr Portfolio um hochwertige Schaumweine zu erweitern. Die Idee schlief wieder ein und wurde erst in den 1990er Jahren wiedererweckt, und zwar von ebenjenen Wermut-Produzenten, die in der Zwischenzeit zu teils internationalen Getränkekonzernen gewachsen waren.

Stand heute ist Alta Langa eine Herkunftsbezeichnung mit DOCG-Status aus den Provinzen Cuneo, Asti und Alessandria in der Region Piemont. Mit Franciacorta, Oltrepò Pavese und Trentodoc ist es die vierte Herkunft in Italien für Spumante nach der Metodo Classico. Alta Langa als Bezeichnung kam übrigens erst 1996 ins Spiel, das Konsortium wurde 2001 gegründet.

Mindestens 90 Prozent eines Alta-Langa-Schaumweines müssen aus Pinot Noir und/oder Chardonnay sein, zu zehn Prozent dürfen »lokale Rebsorten« hinein. Mit 30 Monaten sur lattes und 36 Monaten für die Riserva hat dieser Schaumwein die längsten Hefelagerzeiten aller bekannten Schaumwein-Herkünfte. Die Mengen mögen klein sein – derzeit etwa 300 Hektar –, dafür bringt man dort beeindruckend Feines hervor.

Im Trentino begann Giulio Ferrari aus Trento (siehe Nummer 68) 1902 Schaumweine herzustellen, nachdem er in der Champagne gearbeitet hatte, zunächst allerdings nur in Minimengen und ohne groß darüber zu reden. Erst in den 1950er Jahren, nachdem Bruno Lunelli übernommen hatte, befassten sich langsam mehr Produzenten im Trentino mit dieser Möglichkeit. 1993 wurde mit Trentodoc (sic!) eine eigene Regionalmarke für herrlich feingliedrige Schaumweine geschaffen, basierend auf Chardonnay, Pinot Nero und Pinot Blanc, ausschließlich nach Metodo Classico.

67 Weltberühmt mit Katzenwein

MIAU! Vino Rosato Frizzante

In steilen Terrassen hoch über der Stadt Bozen pflegen Martin Gojer und Marion Untersulzner 3,5 Hektar Weingärten biodynamisch und in aufwendiger Handarbeit. Biodiversität ist hier kein Schlagwort, sondern auf den ersten Blick erkennbare, gelebte Realität. Unter und zwischen den auf Pergola gezogenen Reben herrscht eine immense Vielfalt an Gräsern, Kräutern, Gemüse und Obstbäumen – ein Paradies für Insekten, nur bedroht durch umherstreifende Hühner. Oder Katzen, die neugierig und verspielt auf Beutefang gehen. Apropos Katzen: MIAU! heißt Pranzeggs feiner Perlwein nach Metodo Ancestrale, der zum ersten Mal 2017 entstand. Damals fand Marion zur Lesezeit vier kleine verwaiste Kätzchen hinter der Weinpresse. Sie zog die Kätzchen auf, und ihre Präsenz wurde zur Inspiration für den Namen und das Etikett des brandneuen Pet Nats. Schon der erste Jahrgang kam nicht nur bei Katzenfans, sondern auch bei Sommeliers hervorragend an und war rasch ausverkauft. Martin Gojer sieht die Sache gelassen: »Pet Nat ist ein Hype, und ja, mit dem MIAU! tun wir da mit, aber eigentlich sind uns andere Weine viel wichtiger. Wir wollen ja nicht weltberühmt mit Katzenwein werden!«

Köstlich ist der MIAU! trotzdem. Er duftet nach roten Beeren und Waldkräutern; die frische Säure, ein zarter Tanningrip und das angenehm herbe Finale verleihen ihm Trinkfluss ohne Ende. Lagrein und ein kleiner Teil Vernatsch ergänzen sich perfekt. Für diese beiden Südtiroler Rotweinsorten setzt Gojer ganz besonders auf die traditionelle, aber arbeitsintensive Pergola-Erziehung. Das Laubdach der »Pergl« beschattet nicht nur die Trauben, sondern auch den Boden – im heißer und trockener werdenden Klima ein klarer Vorteil. Abseits vom MIAU! ist Pranzeggs gesamte Serie an Naturweinen sehr zu empfehlen, wie die vielschichtige weiße Cuvée Caroline oder die ausdrucksstarken Roten namens Campill und Laurenc.

Weingut Pranzegg – Martin Gojer | Kampenner Weg/Via Campegno 8 | 39100 Bozen | Tel. +39/328/4591961 | info@pranzegg.com | pranzegg.com | €€

MIAU!
750ml ℮ 11,5% vol
PRANZEGG
VINO ROSATO FRIZZANTE
L2020
Abgefüllt durch | imbottigliato da Martin Gojer
Bozen · Italien | Bolzano · Italia
product of Italy | contiene solfiti | enthält sulfite | contains sulphites

68 Immer oben auf dem Treppchen

Ferrari Perlé Millesimato Brut

Ferrari kann man nicht bloß fahren, sondern auch trinken. Denn Ferrari ist die bekannteste Trentodoc-Marke und weltweit verbreitet. Das Haus wurde 1902 von Giulio Ferrari gegründet und mangels Erben in den 1950er Jahren an die Weinhändler-Familie Lunelli übergeben, die den Betrieb seither führt und in den 1980er Jahren mit dem Erwerb von Weingütern in anderen Regionen, Mineralwasser- und Spirituosenherstellern zur Lunelli-Gruppe diversifizierte.

Der jüngste Coup der Lunellis betrifft jenen Schaumwein, den Formel-1-Sieger euphorisch verspritzen. Seit der Saison 2021 kommt die Jeroboam-Flasche nicht mehr von einem französischen Champagner-Haus, sondern von Ferrari. Die Schampusdusche und den Schluck aus der Pulle bei der Siegerehrung gibt es seit 1966. Großflaschen erhielten Sieger von wichtigen Autorennen zwar seit 1936, doch erst 1966 bei einer Siegerehrung in Le Mans explodierte eine Flasche, da sie zu warm geworden war, und wurde vom Schweizer Rennfahrer Jo Siffert über die Umstehenden verteilt, bevor er selbst einen Schluck nahm. Im Jahr darauf machte der nächste Sieger, Dan Gurney, dasselbe, diesmal mit Absicht. Jede Tradition wird einmal geboren.

Die Lunellis etablierten mit Ferrari hohe Qualitätsstandards, obwohl sie enorme Mengen produzieren. Die Basis dafür sind 120 biologisch zertifizierte Hektar, auch ihre Traubenproduzenten zogen beim Umstieg mit. Die Ferrari-Sekte sind generell gelungen. Ferrari Perlé aus Chardonnay wird von Hand gelesen und bleibt fünf Jahre auf der Hefe. Er schmeckt nach zarten gelben Früchten wie Mirabellen und soften Meyer-Zitronen, hat Aromen von Mandeln und eine cremige, persistente Perlage mit elegantem Grip. Zur Perlé-Serie gehören auch ein Dosaggio Zero und drei Reserven.

Sollten Sie auch einmal einen Ferrari trinken wollen, empfehlen wir, auf die Dusche zu verzichten. Es wäre zu schade drum.

Ferrari Trento 1902 – Tenuta Lunelli | Via Ponte di Ravina 15 | 38123 Trento | Tel. +39/0461/972311 | info@ferraritrento.it | ferraritrento.it | €€

FERRARI
FERRARI
1902
PERLÉ
PERLÉ
VENDEMMIA
2016
2016
FERRARI
PERLÉ
TRENTODOC
RARI
RLÉ
TENTODOC

69_Wider das Vorurteil

Madame Martis Rare Vintage Riserva Brut

Beim allerersten Schluck der Madame umfängt einen eine zarte Süße, und schon läuft der Film: »Aha, süß! Madame heißt det Janze auch noch – nicht schon wieder!« Doch nach einer Zehntelsekunde des süßen Schreckens und der Vorurteile bemerkt man, dass hier eine völlig andere Musik spielt. Die Süße in Madame Martis 2010 schmeckt wie jene in auf den Punkt gereiften Früchten, nicht plump oder aufdringlich, sondern einfach nur saftig und frisch. Zu rotbeerigen Aromen und Orangigem gesellen sich belebende Kräuternoten, alles fein und delikat verspielt. Am Gaumen zeigt Madame Martis Figur, ist gleichzeitig straff und mollig. Ein feiner Säurebogen spannt sich über salzige und zart röstige Aromen ins lange Finish, und all das mit einer elegant eingesetzten Brut-Dosage von knapp über sieben Gramm pro Liter.

Madame Martis ist ein Pracht-Schäumer, der zu Ehren der Frauen der Eigentümerfamilie Stelzer, deren Mitglieder alle ins Weingeschehen eingebunden sind, so genannt wurde. Er besteht zu 70 Prozent aus Pinot Noir, zu 25 aus Chardonnay und zu fünf Prozent aus dem im Trentodoc selten zu findenden Pinot Meunier. Für den Grundwein vergären und reifen Pinot Noir und Meunier in Edelstahl, der Chardonnay hingegen im Eichenfass. Besonders sind die neun Jahre, die Madame auf der Hefe verbringt, was eine sehr zarte und doch dichte Perlage ergibt.

Seit der Gründung des Weinguts im Jahr 1990 werden ausschließlich Schaumweine nach traditioneller Methode gemacht, bereits in Zeiten, als Trentodoc in seiner heutigen – sehr erfolgreichen – Ausformung noch kein Thema war. Die zwölf Hektar Weingärten liegen alle rund um das Stammhaus am Fuß des Monte Calisio auf etwa 450 Meter. Diese Geschlossenheit ist im Trentino erstens recht selten und zweitens sehr vorteilhaft, wenn man, wie auf Maso Martis seit 2012, biologisch wirtschaftet. Heute gehören die Stelzers zur ersten Liga – völlig zu Recht.

Maso Martis Azienda Agricola Biologica | Via dell'Albera 52 | 38121 Martignano | Tel. +39/0461/821057 | info@masomartis.it | masomartis.it | €€€€€

MASOMARTIS
RISERVA
2010
MASOMARTIS
MADAME MARTIS
RARE VINTAGE
TRENTODOC

70 Vom Rennrad zum Wein

Moser 51,151 Brut

Klingelt's beim Namen Moser? Vielleicht wie eine Fahrradglocke? Dann sind Sie auf der richtigen Spur. Das Weingut gehört der Familie von Francesco Moser, der in den 1970er und 1980er Jahren ein erfolgreicher Radrennfahrer war. Heute wird es von Carlo und Matteo geführt, den Kindern der Gründer, Francesco und Diego Moser. Matteo ist der Kellermeister.

Das Cembratal, in dem sich die Weingärten der Familie befinden, ist ein Seitental nördlich von Trento mit etwa 700 Hektar Weingärten, die bis auf 800 Meter Seehöhe reichen und auf viele Kleinparzellen in Steillagen verteilt sind, die oft von Trockensteinmauern gestützt werden. Einerseits entstehen hier die Traubenmengen für die vielen Genossenschaften des Trentino. Andererseits bietet das Tal beste Bedingungen für Weine kühlen Stils, wie es eben ein Grundwein für Sekt sein soll. Chardonnay beispielsweise wandert nun laut Matteo Moser vom breiten Talboden des Trentino immer öfter in die Seitentäler.

51,151 Brut ist der Brot-und-Butter-Sekt des Hauses. Die Trauben werden separat nach den unterschiedlichen Herkünften wie auch Pressfraktionen – freilaufender Saft, erste und zweite Pressung – vergoren. Der Chardonnay für den 51,151 wurde im Stahltank und zu einem kleinen Teil im Holzfass vergoren, was ihm eine softe Vanillenote beschert. 30 Monate auf der Hefe ergeben eine sehr fein verwobene Perlage. Er hat zurückhaltende Grapefruit- und Pomeloaromen und riecht höchst erfrischend nach nassem Stein.

51,151 wurde 1984 zum ersten Mal gemacht, als erster Sekt des Hauses nach der Metodo Tradizionale. Francesco gewann im selben Jahr nicht nur den Giro d'Italia, sondern brach auch den zwölf Jahre alten Stundenweltrekord von Eddy Merckx. Das bedeutet, dass bis dato nie jemand innerhalb einer Stunde mehr als 51,151 Kilometer auf der Radrennbahn zurückgelegt hatte. Und so eine Leistung will doch auf einem Etikett verewigt sein.

Azienda Agricola Francesco Moser | Via Castel di Gardolo 5 | 38121 Trento | Tel. +39/0461/990786 | info@mosertrento.com | mosertrento.com | €€

MOSER
51,151
BRUT
TRENTODOC
MOSER
51,151
BRUT

71 Schaumwein, nichts anderes

Millesimo2mila17 Extra Brut

Auf den nur etwa fünf Hektar Rebflächen von Marcalberto wird ausschließlich Schaumwein gemacht. Piero Cane, ein anerkannter Schaumweinmacher in Italien, gründete in den frühen 1990er Jahren seinen eigenen Betrieb und produzierte von Beginn an nur nach der Metodo Tradizionale. Ein Familienbetrieb im besten Sinn, in den seine Frau Marina und die Söhne Marco und Alberto eingebunden sind, die bei der Gründung noch kleine Buben, dafür aber die Namensgeber waren. Die Champagne ist das Vorbild, doch die Canes haben dem Ganzen ihren Stempel aufgedrückt, indem sie einen eigenständigen handwerklichen Zugang pflegen, den sie auf ihrer Homepage selbstbewusst Metodo Marcalberto nennen.

Pinot Noir und Chardonnay, die Rebsorten ihrer Wahl, wachsen von etwa 250 bis knapp über 600 Meter Seehöhe auf Mergelböden mit einem hohen Kalkanteil. Gepresst wird mit einer in der Champagne erworbenen großen Korbpresse mit Holztram, da sie aufgrund ihres sanften Drucks die für guten Schaumwein idealen Mostfraktionen liefert. Der Grundwein wird teils in Edelstahl und teils in gebrauchten Fässern aus französischer Eiche vergoren, mit wöchentlicher Bâtonnage, dann ohne Filtration oder Absetzen zur Prise de mousse in Flaschen gefüllt, wo Millesimo2mila17 für 36 Monate verbleibt.

Millesimo2mila17 ist ein Jahrgangsschaumwein, das heißt Pinot Noir und Chardonnay werden für die Cuvée so ausgewählt, dass sie den Charakter des jeweiligen Jahrgangs am besten darstellen. 2017 beispielsweise war heiß und trocken mit einer sehr kurzen Vegetationszeit, aber dank kühler Nächte blieb die Säure erhalten. Das alles ergibt einen sehr cremigen, gelbfruchtigen Typ, der breitschultrig angelegt ist und seine schönen hefig-mineralischen und nussigen Noten erst nach einiger Zeit im Glas zur Schau trägt. Das Champagnervorbild kann er nicht verleugnen, das ist aber auch gar nicht notwendig.

Marcalberto | Via Porta Sottana 9 | 12058 Santo Stefano Belbo | Tel. +39/0141/844022 | info@marcalberto.it | marcalberto.it | €€

MARCALBERTO
METODOCLASSICO
MILLESIMO2MILA18
PRODOTTO DALL'AZIENDA AGRICOLA MARCALBERTO
SANTO STEFANO BELBO. ITALIA - PRODUCT OF ITALY
ALTA LANGA DOCG

72 Big Business ohne Zucker

Zero Riserva Millesimato Pas Dosé

1878 gründete Enrico Serafino, Erbe aus reichem Haus, einen Betrieb in der Provinz Cuneo mit der Idee, Weißweine, Rotweine und Schaumweine der Luxusklasse herzustellen, und war bald recht erfolgreich. Er errichtete das Gebäude in der Stadt Canale mit dreistöckigen unterirdischen Kellern, in dem noch heute alle Enrico-Serafino-Weine hergestellt werden.

Der Betrieb wechselte mehrfach die Besitzer und gehörte ab Ende der 1980er Jahre zur Barbero-Gruppe aus Canale, die eigentlich Wermut und Spirituosen erzeugte, 1997 zum Alta-Langa-Projekt stieß (siehe Einleitung) und 2003 von der Campari-Gruppe aufgekauft wurde. 2015 wurde Enrico Serafino herausgelöst und gehört heute zur Krause Group aus den USA, einer Gruppe von bunt zusammengewürfelten Firmen aus diversen Branchen, die auch einige Bio-Landwirtschaften in den USA sowie das Weingut Vietti im Piemont betreibt.

Sieben verschiedene Schaumweine entstehen heute unter dem Etikett Enrico Serafino. »Zero« hat eine freundliche hellgelbe Farbe und ist trotzdem aus 100 Prozent Pinot Noir, sehr duftig-rotbeerig mit floralen Noten und Zitrus, mit graziler Perlage und filigraner Mineralität, etwas Biskuit, alles in sehr feiner Balance und keinesfalls plump. Die Trauben werden handgelesen und, sofern notwendig, unter Trockeneis frisch gehalten. Der Grundwein wird im Stahltank vergoren, bleibt sechs Monate mit der Hefe in Kontakt und wird gelegentlich aufgerührt (Bâtonnage).

Nach der Prise de mousse in der Flasche wird »Zero« ohne Zugabe einer Dosage mit demselben Schaumwein erst nach 72 Monaten Hefelager degorgiert. Das erklärt auch die prominent am Vorderetikett platzierte Aufschrift »Sboccatura Tardiva«, die darauf hinweist, dass die geforderte Mindestlagerzeit von – in diesem Fall – 36 Monaten deutlich überschritten wird. Und daraus resultieren die besonders cremig-feine Perlage sowie komplexe Aromen.

Enrico Serafino Azienda Vitivinicola | Corso Asti 5 | 12043 Canale |
Tel. +39/0173/970474 | info@enricoserafino.it | enricoserafino.it | €€€

MILLESIMATO
PAS DOSÉ
Alta Langa
DOCG
METODO CLASSICO
PAS DOSÉ
ZERO
SBOCCATURA TARDIVA
2016
ENRICO SERAFINO
1878

73 Nebbiolo ist Messi

Kaskal Metodo Classico Dosaggio Zero

Enrico Rivetto ist so etwas wie der Punk der großteils wohlgeordneten piemontesischen Weinwelt. Gespräche mit ihm, über das, was ihn antreibt und woran er glaubt, sind eine hoch spannende Mitdenkübung. Sein Anwesen auf einem Hügel vis-à-vis des Dorfs Serralunga d'Alba ist ein Weingarten im wörtlichen Sinn. Auf insgesamt 35 Hektar biodynamisch nach Demeter zertifiziert, findet man 15 Hektar Rebflächen, Streuobstwiesen, Kräuterhecken, Gemüse, einen Teich mit Brauchwasser und etliche Tiere. Zwei Schwäne, Milo und Shira, schwimmen auf dem Teich, und drei Eselinnen, Giulia, Lella und Filippa, trotten durch die Weingärten, halten mit ihren Hufen den Bewuchs in Schach und tragen mit ihrem Dung zum Kompost bei.

Nebbiolo-Trauben, die für Barolo und Co. bestimmt sind und auf kalkreichen Mergelböden wachsen, bilden die Basis für den Grundwein des Kaskal, der ein Spumante nach Metodo Classico ist. Die Trauben werden geteilt, soll heißen in der Mitte durchgeschnitten. Die Spitzen der Trauben gehen in den Kaskal-Grundwein, der stielnahe Teil in Barolo und Konsorten. Nebbiolo sei wie Lionel Messi, ist Rivetto überzeugt, der 1999 seinen ersten Jahrgang vinifiziert hat. »Die Rebsorte hat Talent für alles und kann für unterschiedlichste Dinge eingesetzt werden.«

Seit 2010 gibt es Kaskal, der keinen Jahrgang hat und in jüngerer Zeit von Extra Brut auf Dosaggio Zero gesetzt wurde, um den Ausdruck noch puristischer zu gestalten. Kaskal schmeckt wunderbar frisch und fokussiert mit lebendiger, sehr feiner Perlage, gelbfruchtigen und kräuterwürzigen Aromen wie Melisse und Salbei, alles unterlegt mit einer leichten Salzigkeit.

Der Name kommt übrigens aus dem Sumerischen und bedeutet Weg oder Reise. »Die Straße, die zum König führt«, so beschreibt es Rivetto, was nichts anderes heißen soll, als dass das Potenzial und die Fähigkeiten dieser Rebsorte noch lange nicht ausgeschöpft sind.

Azienda Agricola Rivetto | Via Roddino 17 | 12050 Serralunga d'Alba | Tel. +39/0173/613380 | info@rivetto.it | rivetto.it | €€€

RIVETTO
60
MESI
RIVETTO
Kaskal
METODO CLASSICO - DOSAGGIO ZERO

74 Das hübsche Entlein

Brutto Catarratto Vino Frizzante Ancestrale

Der Name lautet »hässlich«, und das Etikett zeigt eine Ente. Hadert Aldo Viola etwa mit seinen Jahren in Dänemark, wo er als Kindergärtner Hans Christian Andersens Märchen »Das hässliche Entlein« vielleicht zu oft vorgelesen hat? Wir hoffen nicht, denn der alternative Erklärungsansatz von »brutto ma buono« gefällt uns deutlich besser. Diesen Ausdruck verwenden Italiener für das, was nicht ganz der Norm entspricht, aber trotzdem köstlich schmeckt. Klassisches Beispiel sind die Haselnuss-Mandel-Kekse »brutti ma buoni«, deren Optik von ihrem Geschmack bei Weitem übertroffen wird.

Genau das könnte man auch von Aldo Violas Frizzante Ancestrale behaupten. Sein naturtrübes Goldgelb im Glas weicht von der Norm eindeutig ab, er begeistert aber schon in der Nase mit Kräutern, Zitronenblüten und Orangenzesten, von den Apfelschalenaromen mit angenehmer Säure und viel Struktur am Gaumen sowie dem anregenden Abgang mit südlicher Kräuterwürze gar nicht zu reden. Südlich ist auch seine Herkunft, denn Aldo Viola ist Naturwein-Winzer auf Sizilien und bewirtschaftet im Nordwesten der Insel insgesamt 13 Hektar. Bei Alcamo, in den »Timpi Rossi«, wie die Hügel mit dem rötlichen, weil eisenhaltigen Boden genannt werden, widmet er sich vor allem den weißen Sorten. Im 30 Kilometer entfernten Dorf Feudo Guarini stehen hingegen Rotweine von Perricone, Nerello Mascalese und Syrah im Fokus.

Den lebhaft prickelnden Brutto keltert Viola von Siziliens dominierender Weißweinsorte Catarratto, deren Reben bei ihm 400 Meter über dem Meeresspiegel wachsen. Es handelt sich um einen Rifermentato, der seine Gärung in der Flasche erst im Frühjahr, wenn die Temperaturen steigen, wieder aufnimmt. Degorgiert wird der ungeschwefelte Brutto nicht, und die Hefe in der Flasche hält ihn herrlich frisch. Knochentrocken und anhaltend dicht perlend, schmeckt er einfach supersüffig. Und das hübsche rote Entlein ziert ihn sehr gelungen.

Aldo Viola | Via per Camporeale 18C | 91011 Alcamo | Tel. +39/339/6969889 | info@aldoviolavini.com | aldoviolavini.com | €€

AV
BRUTTO
Vino Frizzante Ancestrale
CATARRATTO
Aldo Viale

Auswandern mit Schaumwein-Know-how

Neuseeland, Südafrika, USA

Champagner ist – wie bei so vielen Schaumwein-Ambitionen – auch Vorbild für alles, was in Übersee passiert. Vor grob 150 Jahren waren es ein paar Auswanderer nach Nordamerika, ebenso nach Südafrika oder Australien und Neuseeland, die mitbrachten, was auch immer notwendig war – Know-how, Klone –, um in ihren neuen Ländern Schaumwein wie in der alten Heimat zu machen. In geeigneten Gebieten, etwa in Kalifornien, errichteten sie ihre Betriebe. Die Prohibition in den USA überlebten allerdings nur wenige kalifornische Schaumweinproduzenten.

In den 1970er und 1980er Jahren flossen Investitionen und Know-how über etablierte Champagner-Häuser, die in Kalifornien Dependancen errichteten. Die bekanntesten heißen Moët & Chandon, Taittinger und Roederer. Mit amerikanischem Unternehmergeist werden alle Schaumwein-Stile Europas ausprobiert, serienmäßig produziert wird, was gut funktioniert – sowohl in der Herstellung als auch am Markt. Und neben etablierten Großproduzenten gibt es hier einige kleinere »autochthone« Erzeuger (siehe Nummer 78). An der Ostküste macht sich Finger Lakes im Staat New York gerade einen Namen mit Sparkling Wines.

Südafrika und Neuseeland haben ähnliche Geschichten – auch dort wurde das Interesse von einwandernden Weinmachern und der Sehnsucht nach den Weinen der Heimat geweckt. Neuseeland mit seinem kühlen Klima scheint geradezu prädestiniert für Schaumweine. In Südafrika feierte man 2021 den 50. Jahrestag der Cap-Classique-Schaumweine, wenngleich der Begriff erst 1992 eingeführt wurde, als die Diskussionen um die Verwendung des Ausdrucks »Champagnermethode« begannen, die von den Südafrikanern pragmatisch umgangen wurden, indem sie sich rasch auf »Cap Classique« einigten. Schäumende Weine gab es zwar bereits vorher, aber erst 1971 entstand der erste Schaumwein nach Traditioneller Flaschengärmethode. Mehr als 250 Produzenten gehören heute zu der Vereinigung (www.capclassique.co.za).

75_Schaumwein als Notfallplan

Methode Traditionnelle Brut

Das »Cool Climate« von Neuseeland eignet sich wenig überraschend bestens für Schaumwein. Seit über 35 Jahren lebt der Österreicher Rudi Bauer am anderen Ende der Welt. Er erfüllte sich in Central Otago, im Herzen der Südinsel, den Traum vom eigenen Weingut und gründete 1996 Quartz Reef Wines. Bauer gilt als großer Pinot-Noir-Spezialist und besitzt offenbar auch ein Händchen für Schaumwein. »Als wir 1990 den Standort in Bendigo sahen, gab es nur sechs Weinberge in ganz Central Otago«, erzählt der Weinbaupionier. »Die Herstellung von Schaumwein war anfangs eigentlich der Notfallplan. Sollten die Pinot-Noir-Trauben nicht nach unseren Vorstellungen reifen, so waren wir zuversichtlich, dass sie mit frischer Säure immerhin perfekt für Schaumwein geeignet wären. Tatsächlich hat sich Bendigo als ideal für Pinot Noir herausgestellt, und unsere Sparkling Wines sehen wir heute als natürliche Weiterentwicklung.«

Central Otago besitzt mittlerweile 1.880 Hektar Weinberge inmitten spektakulärer Landschaft zwischen Seen und über 2.000 Meter hohen Bergen. Viel Frische und kühle Balance kennzeichnen den Quartz Reef Methode Traditionnelle Brut; drei Viertel Pinot Noir treffen ein Viertel Chardonnay. Noten von Wacholder, herbe Kräuter und die feine Perlage prägen seinen Charakter. Mit vier Gramm Dosage bleibt er kompakt und fokussiert bis ins saftig-salzige Finish. Zu ihm gesellt sich der ambitionierte Blanc de Blancs Vintage Sparkling, der ausgedehnte 60 Monate Hefelager absolviert. Alle Herstellungsschritte der Schaumweinproduktion erfolgen am Weingut. Bei Quartz Reef wird von Hand gerüttelt und von Hand degorgiert. Ab 2007 schlug Bauer den Weg in Richtung Biodynamie ein, und seit 2011 ist das Weingut Mitglied bei Demeter. Er sagt: »Wir sind stolz darauf, biologisch und biodynamisch zertifiziert zu sein – wir machen den einzigen neuseeländischen Schaumwein mit beiden Zertifikaten!«

Quartz Reef Wines – Bendigo Estate | 6–8 Hughes Crescent/Cromwell 9310 | Tel. +64/3/4453084 | info@quartzreef.co.nz | quartzreef.co.nz | €€

QUARTZ REEF
QUARTZ REEF
BENDIGO ESTATE
Methode Traditionnelle
BRUT
CENTRAL OTAGO · NEW ZEALAND

76 Missing Link

The Green Man MCC Brut

Der »Grüne Mann« ist ein Mythos, der sich über viele Jahrtausende in unzähligen Kulturen auf der ganzen Welt verbreitet hat. Dargestellt wird er in allen Epochen als halb menschliches Wesen mit einem Blätterhaupt – wie am oberen Rand des hübschen Etiketts zu erspähen. Er steht für die Vegetation und das Wachsen, die Geister des Waldes und die Fortführung des Lebens. Im Internet wird man geradezu überschwemmt mit Informationen zum Grünen Mann. Für Karen und John Loubser, die Besitzer von Silverthorn Wines, ist er so etwas wie das Missing Link zwischen Mensch und Natur und »heutzutage in Form der Ökologie« präsent. Aus diesen Gründen, meinen sie, sei dies auch der ideale Name für ihren Blanc de Blancs.

The Green Man, Jahrgang 2018, hat durchaus etwas Pflanzliches und erinnert an frisch geschnittene Hecken im Frühling. Er spielt mit Zitruszesten und -aromen und hat einen feinen, doch griffigen Briocheton und ein attraktives mineralisches Finish. Die Herkunftsregion hat einen guten Ruf für hochklassigen Chardonnay. Sie bietet Kalk- und Schieferböden, dazu klimatische Kühle, die dank des Indischen Ozeans in das Flusstal zieht. Das Weingut liegt am Unterlauf des Flusses, weshalb man von diesen kühlen Bedingungen generell profitiert, was auch am recht erfrischenden Grünen Mann sehr gut nachvollziehbar ist.

The Green Man, zu 100 Prozent aus Chardonnay und daher ein Blanc de Blancs, ist mengenmäßig der wichtigste Wein des Weinguts, das ausschließlich Schaumweine nach »Méthode Cap Classique« (MCC) in fünf Versionen produziert. Er wurde nach der Ganztraubenpressung bei sehr niedriger Ausbeute im Stahltank kühl vergoren, ein kleiner Teil vergor im Holzfass, um ihm neben Frucht und Frische auch Struktur zu verleihen. Der Hefekontakt dauert durchschnittlich 24 Monate und wird stets dem Jahrgang angepasst. Mit 6,8 Gramm pro Liter Restsüße wurde er auf angenehmes – und tatsächliches – Brut eingepegelt.

Silverthorn Wines | R317 | 6705 Robertson | Tel. +27/21/7881706 | karen@silverthornwines.co.za | silverthornwines.co.za | €€

MÉTHODE CAP CLASSIQUE
SILVERTHORN
The Green Man
BOTTLE FERMENTED
2018

77_Geburtstag eines Vorreiters

Kaapse Vonkel MCC Brut

2021 wurde der runde 50. Geburtstag gefeiert: genau genommen nicht 50 Jahre »Méthode Cap Classique«, sondern die Tatsache, dass in Südafrika die Erzeugung feinsten Schaumweines möglich ist. Frans Malan, dessen Familie das Weingut Simonsig in Stellenbosch gehört, war der Erste, der 1971 Schaumwein erzeugte, mit Hilfe jenes Verfahrens, das damals noch Champagnermethode heißen durfte. Den »Kaapse Vonkel« gibt es heute immer noch. In der aktuellen Version 2019 ist er zur Hälfte aus Chardonnay und zu 49 Prozent aus Pinot Noir, mit dem Rest aus Pinot Meunier. Die Trauben kommen aus allen Gegenden, die kühl genug sind, um einen Grundwein für Sprudel hervorzubringen. 2019 entstand er in einem kühleren Jahr, hat nur 4,1 Gramm pro Liter Restsüße und wäre daher genau genommen ein Extra Brut. Die Dosierung tut ihm gut, macht ihn frisch, sehr fein balanciert und dennoch knackig. Ein Klassiker in vielerlei Hinsicht, und das soll er auch sein.

Als das Champagner-Komitee in den 90er Jahren die Kampagne fuhr, dass »Champagne« nur noch im Zusammenhang mit der Champagne verwendet werden dürfe, entschieden sich die südafrikanischen Schaumweinhersteller, anstatt lange zu diskutieren, den Begriff »Méthode Cap Classique« zu etablieren. Dass es eine französische Bezeichnung wurde, lag daran, dass es Hugenotten aus Frankreich waren, die die Kunst der Weinbereitung hierher mitbrachten. Dazu wurde eine Vereinigung gegründet, deren heute rund 250 Mitglieder sich neben der Traditionellen Flaschengärmethode an jenen Qualitätsstandards orientieren, die auch in Europa Common Sense sind. Alle Rebsorten, die in Südafrika verbreitet sind, sind zugelassen. Auch alle gängigen Stile, wie Blanc de Blancs, Vintage oder Non Vintage, Rosé et cetera, werden gemacht. Speziell ist vielleicht nur, dass die Hefekontaktzeit 2021 von neun auf mindestens zwölf Monate angehoben wurde.

Simonsig Wines | Kromme Rhee Road | 7605 Koelenhof | Tel. +27/21/8884900 | wine@simonsig.co.za | simonsig.co.za | €

SIMONSIG
SIMONSIG
50
YEAR
ANNIVERSARY
SINCE 1971
SOUTH AFRICA'S
FIRST CAP CLASSIQUE
KAAPSE VONKEL
SIMONSIG
Kaapse Vonkel
CAP CLASSIQUE
2019
BRUT

78_Bigger is not better

Valdiguié Petillant

Chris Brockway hatte die Faszination für Wein gepackt. Also zog er von Nebraska nach Kalifornien, studierte Önologie, startete 2002 mit einem einzigen Fass und brachte 2006 erstmals Wein unter dem Namen »Broc Cellars« auf den Markt. Rasch realisierte Brockway, dass er sich dem Zeitgeist von »Bigger is better« nicht unterwerfen wollte. Zu schwer, zu üppig, zu alkoholreich fand er den Weinstil, der damals in Kalifornien boomte. Er beschloss, einen anderen Weg zu gehen – in Richtung Leichtfüßigkeit, Frische und Trinkfluss. Brockway wurde einer der Protagonisten des »New California Wine«: biologisch angebaut, handwerklich hergestellt, spontan vergoren, ohne Zusätze, individuell, balanciert. Genau so tritt auch sein höchst charmanter Petillant Valdiguié auf.

Valdiguié ist eine Sorte aus Südfrankreich. In den 70er Jahren hatten die Kalifornier eine gewisse Neigung zum leichten Stil des Beaujolais, und man pflanzte verstärkt Gamay Noir aus. Zumindest wollte man das, tatsächlich – ein Fauxpas der Rebschulen – handelte es sich meist um eine andere Sorte: Valdiguié. Von 2.500 Hektar sind heute weniger als 400 übrig, schätzt Brockway: »Valdiguié ergibt eher leichtere und helle Weine, so schwand ihre Beliebtheit vor allem in den 90er Jahren, als sich der kalifornische Geschmack ins Gegenteil – üppig, dick und alkoholisch – wendete. Ihre Leichtigkeit ist aber genau das, was ich an der Sorte mag.« Überlebt hat sie nur an wenigen Orten, wie zum Beispiel im Redwood Valley in Mendocino, wo sich Brockways 70 Jahre alter Valdiguié-Weinberg befindet.

Für den Petillant wird der Most bis auf 18 Gramm Restzucker vergoren, dann abgekühlt, um die Gärung zu stoppen, und in Flaschen gefüllt, wo eine Nachgärung stattfindet. Das Ergebnis ist rosé- bis pfirsichfarben mit zarter Trübung, aromatisch, tänzerisch und erfrischend, mit viel Frucht nach Pfirsich und Marillen, feincremiger Perlage und einer Spur Restsüße. Das »Neue Kalifornien« strahlt riesige Trinkfreude aus.

Broc Cellars | 1300 5th Street | Berkeley, CA 94710 | Tel. +1/510/4247323 | info@broccellars.com | broccellars.com | €€€

79 Sparkling for President

Schramsberg Blanc de Noirs Brut

Als 16-jähriger Deutscher landete Jacob Schram 1842 in New York. Von seinem Friseurberuf hatte er irgendwann die Schnauze voll. So besann sich Schram auf seine Winzer-Wurzeln, zog gen Westen und gründete 1862 ein Weingut in den westlichen Hügeln des Napa Valley. Der Weinbau steckte dort noch in den Kinderschuhen, und dass Schram Stollen für eine Weinkellerei in die bewaldeten Hänge des Mount Diamond graben ließ, kam einer Sensation gleich. Der Aufwand zahlte sich aus, und rasch drang der gute Ruf von Schramsberg bis in höchste Kreise vor. Selbst dem US-Präsidenten Benjamin Harrison servierte man 1891 einen Schramsberg Riesling. Jacob Schram verstarb jedoch 1905, dazu kam die Prohibition, die für viele Weingüter das Aus bedeutete. Auch Schramsberg stellte damals die gesamte Produktion ein.

Erst 60 Jahre später entdeckten Jack und Jamie Davies das heruntergekommene Weingut südlich der Stadt Calistoga. Ihr Ziel: Schaumweine von Weltklasse. Premiere feierten sie 1965 mit dem Blanc de Blancs aus Chardonnay, und 1967 produzierten sie den ersten offiziellen Jahrgangsschaumwein der USA – einen Blanc de Noirs. Die feinen Schramsberg-Sparklings begleiteten zahlreiche Staatsempfänge. Präsident Nixon nahm den Blanc de Blancs 1969 auf seine erste China-Reise mit und verschaffte ihm 1972 beim »Toast to Peace« mit Chinas Premier Zhou Enlai einen großen Auftritt. Auch Queen Elisabeth nippte 1974 an Schramsberg.

Bis heute füllt Schramsberg ausschließlich Jahrgangs-Sparkling, der zwei bis sieben Jahre auf der Hefe lagert. Die Trauben stammen primär aus den kühleren Gebieten der North Coast. Der Blanc de Noirs besteht aus Pinot Noir mit einem kleinen Anteil Chardonnay, der Rückgrat und Saftigkeit mitbringt. Etwa neun Gramm Dosage, Mandel- bis Vanillenoten, intensive Gelbfruchtigkeit und die feincremige Perlage prägen den berühmten Klassiker, der bis heute offizielle Staatsanlässe abrundet.

Schramsberg | 1400 Schramsberg Road | Calistoga, CA 94515 |
Tel. +1/800/8773623 | info1@schramsberg.com | schramsberg.com | €€€

Schramsberg
Schramsberg
FOUNDED 1862
BLANC DE NOIRS
MÉTHODE
TRADITIONNELLE
BRUT
VINTAGE 2015
PRODUCED AND BOTTLED BY SCHRAMSBERG VINEYARDS • CALISTOGA, CALIFORNIA
100% NORTH COAST SPARKLING WINE • 750 MLS • ALCOHOL 12.8% BY VOL.

80 Aus Liebe zu Pinot Noir

Carneros Rouge de Noirs Brut

Ein roter Schaumwein aus Kalifornien, der seine deutschen Wurzeln nicht verleugnen kann. Den Rheingau verließ der junge Walter Schug nach dem Studium an der Weinhochschule Geisenheim 1959. Bald durfte man ihn zu den großen Pionieren des kalifornischen Weinbaus zählen, doch ließen ihn seine Heimat und ihre Weine nie ganz los. Nachdem er für Gallo gearbeitet und für Joseph Phelps die ersten Bordeaux-Blends kreiert hatte, begann er sich 1980 seinem Steckenpferd, dem Pinot Noir, zu widmen, für den sich damals niemand interessierte. Schug gründete sein Weingut in Sonoma, und fortan bestimmten Pinot Noir und Chardonnay, gewachsen im kühlen, windigen Klima von Carneros, sein Leben. Mit tiefgründigen Pinots, deren Stil eher europäisch als kalifornisch anmutete, sorgte er international für Aufsehen.

Walter Schugs Kinder Axel und Claudia führen heute das Weingut in seinem Sinn weiter. Ins Auge sticht der Sparkling Rouge de Noirs. »Seit 1987 machen wir diesen leuchtenden himbeerrosa Schaumwein aus 100 Prozent Spätburgunder«, erzählt Claudia Schug. »Er ist eine Hommage an die Wurzeln meines Vaters, der in Assmannshausen am Fuß des Höllenbergs aufwuchs, wo sein Vater Winzer war und neben stillem Spätburgunder auch einen einzigartigen hellroten Winzersekt herstellte.« Drei Tage Kaltmazeration auf den Schalen sorgen beim Rouge de Noirs Brut für das Plus an Farbe und Aromaintensität. Seine lebhafte rotbeerige Frucht, von Hagebutten bis zu getrockneten Kirschen, wird ergänzt von einer blättrig-herben Komponente. Die angenehme Tanninstruktur und acht Gramm Dosage halten perfekt die Balance.

Schug verrät: »Mein Vater machte den Rouge de Noirs ›for the love of it‹ – auch aus Liebe zu seiner Frau Gertrud, die ein Faible für Sekt hatte. Sie liebte es, einen besonderen Abend mit dem Rouge de Noirs zu beginnen und dazu pikante Vorspeisen wie Räucherlachs oder gebrannte Mandeln zu servieren.«

Schug Carneros Estate Winery | 602 Bonneau Road | Sonoma, CA 95476 | Tel. +1/707/9399363 | info@schugwinery.com | schugwinery.com | €€€

SCHUG
2017
SCHUG
Brut
CARNEROS
ROUGE de NOIRS
Pinot Noir - Sparkling Wine
ALC. 12.0% BY VOL.
750 ml

Nord- und Osteuropa

Exoten mit prickelndem Potenzial

Dänemark, Großbritannien, Kroatien, Polen, Schweden, Tschechien, Ungarn

Dieses Kapitel ist das Sammelbecken für alles, was nicht in Länderkapitel passte. Aber gute Schaumweine gibt es heutzutage in vielen Ecken dieser Erde, Beispiele dafür wollen wir Ihnen nicht vorenthalten. Grund dafür sind einerseits die Klimaveränderungen und andererseits die Beliebtheit von Prickelndem bei den Konsumenten und den Weinproduzenten selbst.

Ein Land, das ganz vorne in der Rangliste der Klimawandel-Profiteure steht, ist Großbritannien. Die Böden, speziell im Süden, sind kalkreich – man denke an die Klippen von Dover. Und dank des Anstiegs der Durchschnittstemperaturen reifen Trauben heute dort aus, wo es vor 25 oder 30 Jahren noch undenkbar war. Schwierig ist nur, außerhalb Großbritanniens an englischen Sparkling zu kommen. Danke, Brexit!

Ähnlich gelagert (nur ohne Brexit) ist die Situation in Polen, auch wenn man dort den Gedanken an ernsthaften Weinbau deutlich später hatte. Es begann mit dem Glauben an Hybrid-Sorten, denen man zu Beginn der polnischen Weinbau-Aktivitäten stärker zugetraut hatte auszureifen als klassischen Rebsorten wie Riesling oder Pinot Noir, die sich in kühlen Gefilden aber durchaus wohlfühlen.

In Dänemark und Schweden wurden Weinbauverbände gegründet, wobei wir uns in Schweden doch lieber an Cidre gehalten haben. Ihn wählten wir, weil er Teil des charmantesten Projekts war, in dem Schäumendes eine Rolle spielt.

In Tschechien und Ungarn wiederum ist eine junge, höchst kreative Generation am Werk, die den alternativen Weinbau und die Schaumweinherstellung voranbringt, während aus Kroatien, das bereits als Hochburg für alternatives Weinmachen gilt, Großmeister Clai zum Zug kam. Ein Prost auf alles, was aus diesen Teilen Europas in Zukunft noch kommen möge!

81 Danske Kvalitets Bobler

Dons Cuvée Brut

Der 50. nördliche Breitengrad – er wäre die klimatische Grenze des europäischen Weinbaus, so hieß es lange. Den experimentierfreudigen Dänen war das egal, und schon in den 80er Jahren legten die ersten Hobby-Winzer los. Das erste professionelle Weingut Dänemarks wurde dann sogar nahe dem 56. Breitengrad gegründet. Sven Moesgaard, der sich als Geschäftsführer der Unternehmensgruppe Pharma Nord unermüdlich mit Nahrungsergänzungsmitteln und Medikamenten beschäftigt hatte, wollte endlich seiner großen Leidenschaft – dem Wein – frönen und setzte in Jütland, nahe der Stadt Kolding, 1998 seine ersten Reben. Das Weingut Skærsøgaard war geboren. Sandige Böden, sanft geneigte Hänge und der mildernde Einfluss des Skærsø-Sees versprachen passende Bedingungen in der Ortschaft Dons. Es funktionierte. Heute sind acht Hektar bepflanzt, vor allem mit interspezifischen Kreuzungen, die im rauen Klima gut zurechtkommen. Rondo, Regent, Léon Millot und Cabernet Cortis sind Beispiele für rote Sorten, Solaris, Orion und Souvignier Gris für weiße.

Die EU bestätigte Dänemark 2000 als weinproduzierendes Land. Moesgaard, gewohnt an langwierige Zulassungsverfahren im medizinischen Bereich, machte sich für eine eigene, von der EU anerkannte Weinbau-Appellation stark und erreichte die »geschützte Herkunft« 2018 für ein Gebiet von 500 Hektar rund um Dons – ausschließlich für Schaumweine nach klassischer Flaschengärmethode. Dänische Qualitätsschaumweine – Kvalitets Bobler – aus Dons sollen laut Vorgaben mit brillanter Säure, frischer Frucht und »Nordischer Coolness« ausgestattet sein. Damit kann Skærsøgaards neun Monate auf der Hefe gereifte Cuvée Brut (aus Solaris, Orion und Madeleine Angevine) zweifellos aufwarten. Intensive Gelbfruchtigkeit, orangige und exotische Noten, gepaart mit etwas Röstigkeit und einer unglaublich saftigen Säure ergeben überaus charmante nordische Bubbles.

Skærsøgaard Vin | Nørresøvej 12, Dons | 6051 Almind | Tel. +45/75554473 | info@dansk-vin.dk | dansk-vin.dk | €€€€

SKÆRSØGAARD®
DONS
Cuvée
Brut
2018
DONS
DONS
Mousserende Kvalitetsvin fra
Vinområdet DONS (BOB)
Skærsøgaard
12%vol
75 cl

82 Truly British

Rosé Vintage Brut

Zwischen den Ausläufern Londons und den Kreidefelsen von Dover liegt die Grafschaft Kent, der »Garden of England«. Obstplantagen, Hopfenfelder und Rosengärten bestimmen hier seit Jahrhunderten die Landschaft – doch plötzlich tauchen auch Weingärten in immer größerer Zahl auf. Die Klimakrise macht den Weinbau-Boom in Großbritannien möglich, und im Vergleich zum Norden ist das Klima an der Südostspitze Englands recht mild. Die Weingärten von Gusbourne befinden sich in einer niedrigen Südlage in Küstennähe, nur etwa zehn Kilometer vom Meer entfernt. Sie erstrecken sich über einen ehemaligen Strand und sind einer konstanten Meeresbrise ausgesetzt. Über 60 Hektar Reben gehören zu Gusbourne in Kent, dazu kommen 30 Hektar in der angrenzenden Grafschaft Sussex. Es regieren die klassischen Sorten der Champagne, nämlich Chardonnay, Pinot Noir und Pinot Meunier.

Gusbourne Estate besteht seit 1410 und ist nach dem seinerzeitigen Besitzer John de Goosebourne benannt. Ein Gänsezeichen als Erinnerung an die Familie de Goosebourne, deren Wappen drei Gänse zeigte, ziert heute jede Gusbourne-Flasche. Der Weinbau kam natürlich viel später, nämlich 2004, als Andrew Weeber das Gut übernahm und die ersten Reben setzte. Seither ist das erklärte Ziel, englische Sparkling Wines zu schaffen, die sich unter den allerfeinsten Erzeugnissen der Welt behaupten können. 2010 brachte man die ersten Schaumweine vom Jahrgang 2006 auf den Markt. Der Rosé Brut besteht zu etwa 60 Prozent aus Pinot Noir, den Rest tragen Pinot Meunier und Chardonnay bei. Der Jahrgang 2017 lag 39 Monate auf der Hefe; er liegt zartrosa im Glas und ist am Gaumen herrlich englisch – mit superknackiger Säure, gut gepuffert von neun Gramm Dosage. Hefig, rotbeerig, mit sommerlichem Charakter von hellroten Kirschen und Erdbeersahne, Spuren von Karamell und Brioche spaziert der Rosé Brut anregend und cremig in den geschliffenen Abgang.

Gusbourne Estate | Kenardington Road, Appledore | Ashford TN26 2BE | Tel. +44/1622/809763 | info@gusbourne.com | gusbourne.com | €€€€

GUSBOURNE
VINTAGE ENGLISH SPARKLING WINE
TWENTY SIXTEEN
GUSBOURNE
ROSÉ
TRADITIONAL METHOD
PRODUCT OF ENGLAND

83 Schirm, Charme und Trauben

Classic Cuvee Brut

Anno 1086 taucht Nyetimber Manor als »Nitimbreha« im Domesday Book auf, dem ältesten öffentlichen Verzeichnis Großbritanniens. 900 Jahre vergehen. Dann kommen die Amerikaner, setzen nicht nur den ersten Fuß auf den Mond, sondern auch die ersten Reben in West Sussex. Entgegen allen Ratschlägen lassen Stuart und Sandy Moss, ein Unternehmerpaar aus Chicago, Ende der 80er Jahre die Sorten Chardonnay, Pinot Noir und Meunier auspflanzen. Sie haben sich in den Kopf gesetzt, auf Nyetimber feinste englische Bubbles nach Traditioneller Flaschengärung herzustellen. Schließlich findet im Süden Englands die Geologie der Champagne ihre Fortsetzung. Gleich der erste Jahrgang des Blanc de Blancs 1992 erhält mehrere Auszeichnungen.

Wer heute Schaumwein aus England probieren möchte, kommt an Nyetimber nicht vorbei. Das Gut gehört seit 2006 dem niederländischen Geschäftsmann Eric Heerema, der es aus purer Weinleidenschaft kaufte. Ein Jahr später stießen die kanadischen Önologen Cherie Spriggs und Brad Greatrix hinzu. Fest davon überzeugt, dass Südengland heute die weltweit spannendste Gegend ist, um Schaumwein nach Méthode Traditionnelle zu machen, ist dieses Erfolgstrio nun am Werk.

Die Classic Cuvee, Nyetimbers Signature-Wein, perlt elegant und duftet zart hefig und hellfruchtig nach Zitrus und Limonen, eine Dosage von acht Gramm matcht bestens die kraftvolle Säure. Während Winzer in den klassischen Weinbauländern bereits in höhere und kühlere Lagen ausweichen, sucht man in England noch nach den wärmsten und geschütztesten Plätzen. Nyetimber macht keine Kompromisse und gibt auch mal eine gesamte Ernte verloren, wenn die Traubenqualität nicht passt, wie im schwierigen Jahr 2012. Von elf Standorten liegen sechs in West Sussex, zwei in Hampshire und drei in Kent. Nyetimber ist weiter auf Expansionskurs. Im Jahr 2020 standen 260 von insgesamt 327 Hektar im Ertrag.

Nyetimber | Gay Street, West Chiltington | West Sussex RH20 2HH |
Tel. +44/1798/813989 | info@nyetimber.com | nyetimber.com | €€€

NYETI
IBER
NYETIMBER
PRODUCT of ENGLAND
NYETIMBER

84 Sekt Orange

Pjenusac Brut Nature

Mit dem, was früher bei Familienfestivitäten als Aperitif serviert wurde – klebrig süßer Sprudel, mit Industrieorangensaft schluckbar gemacht –, hat Pjenusac überhaupt nichts zu tun. Genau genommen ist er der Antipode dazu, denn künstlich oder klebrig ist bei Giorgio Clais Schaumwein absolut gar nichts.

Als Orange Wines werden Weißweine bezeichnet, die wie Rotweine in Kontakt mit den Beerenschalen vergoren wurden und daher eine viel intensivere Farbe als das übliche Hell-, Grün- oder Goldgelb haben. Der Kick ist, dem Gerbstoff die richtige Balance im Gesamtgefüge zu geben. Clai zählt zu den Königen der Orange Wines, denn es gibt nur wenige Winzer, die ihm in puncto Erfahrung und Know-how das Wasser reichen können.

Sein Pjenusac, was auf Kroatisch übrigens schlicht Schaumwein bedeutet, schmeckt zu Beginn leicht herb wie Malventee, dazu kommen fruchtige Komponenten wie Orangen und ihre Schalen sowie ein intensiver erdig-mineralischer Ton. Der dezente Gerbstoff aus dem Grundwein, die sehr feine Perlage und die scheuen Fruchtaromen schmecken in Kombination äußerst erfrischend und klingen lange und angenehm nach.

Malvasia Istriana und Chardonnay werden gelesen, sofort gepresst und zusammen mit Plavina-Trauben, einer istrischen Rebsorte, die enorm viel Säure hat, einige Tage mazeriert. Die Maische wird noch gärend gepresst, das Ende der Gärung läuft in Edelstahltanks ab. Der fertige Wein wird ein Jahr lang teils in Edelstahl, teils in Holzfässern gelagert. Im nächsten Jahr kommt frischer Most dazu, das Most-Wein-Gemisch wird in Flaschen gefüllt, die zweite Gärung startet. Der Schaumwein bleibt etwa zwei Jahre auf der Hefe. Danach wird degorgiert und mit demselben Getränk aufgefüllt. Der Schaumwein wurde ergo nach Traditioneller Flaschengärmethode hergestellt und ist, da nichts zugesetzt wurde, Brut Nature. Natürlicher geht's nicht!

Clai | Brajki 105, Krasica | 52460 Buje | Tel. +385/52/776175 | info@clai.hr | clai.hr | €€

clai
Pjenušac
Brut Nature

85 Kein völliges Neuland

Blask 631 Brut

Polen und Sekt? Dazu ein paar Fakten aus der Geschichte: Mitte des 12. Jahrhunderts wurden in Westpolen Weinaktivitäten dokumentiert. In Zielona Góra, früher Grünberg, wurde 1834 der erste deutsche Sekt hergestellt. Grünberg liegt in Schlesien, das bei der Teilung Polens 1796 Deutschland zugeschlagen wurde und bis 1918 deutsch blieb. Produzent war die Grempler & Co. A.G., die jedes Mal wenn die Schaumweinzufuhr nach Deutschland zum Erliegen kam, mit ihren Sekten nach Méthode Traditionelle einsprang. Nach dem Ersten Weltkrieg etwa, als laut Vertrag von Versailles kein Champagner nach Deutschland geliefert werden durfte, oder während der Nazizeit, als ausschließlich »Teutsches« als gut galt.

Die Gegend rund um Krosno Odrzańskie – die Heimatstadt Michał Przytułas, des Besitzers des Weinguts – ist heute eine der wärmsten Polens, die Temperaturen ähneln jenen der Champagne. Przytuła entdeckte, dass auf dem Grundstück seiner Mutter Margaret früher Rebstöcke gepflanzt waren. Ohne jegliche Erfahrung, aber fasziniert von Wein, machte er sich 2017 daran, 2,2 Hektar mit Chardonnay, Gewürztraminer, Pinot Noir und Riesling zu bepflanzen. Im Zuge dieser Weinaktivitäten lernte er Gleichgesinnte kennen, darunter Guillaume Dubois, einen Franzosen polnischer Abstammung, der wiederum mit seinem Weingut Gostchorze nahe Krosno dazu beiträgt, dass das Weinmachen hier wiederbelebt wurde. Dubois belegte Kurse in der Champagne und ließ auch seine Kollegen davon profitieren.

Unter vier verkosteten polnischen Sekten schmeckte Blask 631 Brut von Winnica Margaret am interessantesten. Er ist aus 60 Prozent Riesling, 30 Chardonnay und zehn Pinot Noir, hat einen feinen Schmelz, aber keine plakative Süße, eine straffe Perlage und einen angenehm trockenen Abgang. Angesichts dieser zauberhaften Geschichte hoffen wir, in Zukunft mehr von Michał Przytuła und seinen Kollegen zu hören.

Winnica Margaret | ul. Jana Pawła II | 66-600 Osiecznica | Tel. +48/785/676075 | hello@winnicamargaret.pl | facebook.com/winnicamargaret | €€

blask
CUVÈE
631
60% Riesling
30% Chardonnay
10% Pinot Noir

86 Cider Sozial

Straight Outta Dalby FWA Cider

Fruktstereo-Getränke sind manchmal Pet Nat und keine Cider, das wurde mit dem schwedischen Staat ausdiskutiert. Cider wird nämlich auch hier nur oder fast nur aus Äpfeln gemacht. Da Karl Sjöström und Mikael Nypelius, die Ideengeber und Gründer, nicht immer dieselben Obstbäume beernten und im Sinne von »No Waste« dazumischen, was sie eben an Früchten bekommen, wurde der Cidre zum Frucht-Pet-Nat. »Was sie eben bekommen« kann von Freunden oder Bekannten mit nicht verwerteten Obstbäumen kommen oder von Händlern, die Früchte nicht mehr verkaufen können, oder von Gemeinden, deren Obstbäume von den Fruktstereo-Machern und -Freunden geerntet werden dürfen. Voraussetzung ist immer, dass sie unbehandelt sind.

Der Cider »Straight Outta Dalby« hat das Zeug zum Klassiker. Je nach Jahrgang, er entstand 2018 und 2019, ist er zu 90 Prozent oder mehr aus Äpfeln, der Rest sind Birnen. Er ist so etwas wie ein Lagen-Cider. Die Bäume stehen nämlich in einem in den 1950er Jahren gepflanzten Obstgarten eines Professors einer Landwirtschaftlichen Fakultät im südschwedischen Dalby, einem Ort, der für seine Naturschutzgebiete bekannt ist. 25 Jahre lang waren sie sich selbst überlassen.

Äpfel und Birnen werden nach einer gemeinsamen Mazerationszeit von etwa 24 Stunden à la Gemischter Satz gemeinsam vergoren und mit etwa zwei Gramm pro Liter Restzucker gefüllt. Zugesetzt wird dem Getränk logischerweise nichts. Beim Reinriechen, ganz frisch eingeschenkt, wird man an die bissigen Aromen von asturischem Cidre erinnert, die sich aber rasch verflüchtigen. Dann schmeckt er nach Apfelschalen mit einer Prise Meersalz und überrascht mit erfreulicher Frische, wie gute Zitronenlimonade.

Noch etwas: Dass Vereinen oder Institutionen eines Ortes, in dem Obstbäume beerntet werden durften, mit finanziellen Zuwendungen aus den Erlösen gedankt wird, möge bitte viele Nachahmer finden.

Fruktstereo | Nubbgatan 5 | 211 24 Malmö | Tel. +46/70/9312960 | info@fruktstereo.com | fruktstereo.com | €

F.W.A
JÄTTE-
GOD
CIDER
"STRAIGHT OUTTA DALBY"
FRUKTSTEREO

87_Hochspannung am Gaumen

Danger 380 Volts Pet Nat

Nach den weintoten Zeiten des Sozialismus entwickelt sich in Tschechien gerade eine hoch spannende junge Winzerszene – und nicht nur dort, dasselbe passiert auch in der Slowakei. Sie wählen ungewöhnliche Zugänge zu traditionellen Dingen und stürzen sich mit großer Passion auf alternative Formen des Weinmachens, wie etwa Pet Nats. Milan Nestarec ist einer der interessantesten Vertreter dieser Szene.

Beheimatet ist er in Mähren, dem größten Weinbaugebiet Tschechiens entlang der Grenze zu Österreich. Nestarec bezeichnet es als Glück, in eine Winzerfamilie mit Weingut hineingeboren worden zu sein, und lobt dezidiert seinen Vater, der in einer Rebschule in Deutschland arbeitete, viel Know-how in puncto Weingarten, Pflanzdichte und Rebsortenwahl mitnahm und an seinen Sohn weitergab.

Danger 380 Volts ist aus Müller-Thurgau, Neuburger und Riesling, ausgepflanzt als Gemischter Satz in einer Parzelle eines sandigen Weingartens, der folgerichtig nur »Sahary« heißen kann. Nach einem kurzen Schwall walnussartiger Aromen in der Nase springt er einem mit Muskat und Zitrus mitten ins Gesicht, der Duft, nicht die Flüssigkeit, um keine Missverständnisse aufkommen zu lassen. Die Säure ist äußerst belebend und pikant, dafür endet der Pet Nat staubtrocken und hefig-salzig. Die Walnuss wurde nie wieder gerochen. Das witzige Etikett entstand übrigens beim Probieren, als der Blick einer der Beteiligten angesichts der Säure am Aufkleber des Elektrokastens hängen blieb.

Nestarec macht, neben seinen Stillweinen in Weiß und Rot, in ungewöhnlichen Kombinationen insgesamt vier Schaumweine, die teils aus roten und weißen Sorten gemischt werden. Die abschließende Empfehlung gilt seiner sehr lesenswerten Homepage. Für alle, die etwas übers Weinmachen in Tschechien erfahren möchten – und das Ganze auch noch in Englisch!

Milan Nestarec | Zizkovska 1374 | 691 02 Velké Bílovice | Tel. +420/725878822 | lenka@nestarec.cz oder milan@nestarec.cz | nestarec.cz | €€

by MILAN
NESTAREC
DANGER
380 VOLTS

88 Prickelndes vom Vulkan

Brut Nature

Der Berg Somló ist ein erloschener Vulkan in Westungarn. Wildromantische Wanderrouten durchziehen sein sanft erschlossenes Naturschutzgebiet, aber auch 450 Hektar Reben schmiegen sich an die Hänge der Basaltkuppe, die 430 Meter aus der Hochebene emporragt. Sie erhob sich vor 400 Millionen Jahren aus dem Pannonischen Meer, und während die umgebende Landschaft im Lauf der Zeit durch Erosion abgetragen wurde, blieb das harte vulkanische Basaltgestein bestehen.

Seinen Namen verdankt Somló den Kornelkirschen, die hier »Som« heißen und die Berghänge einst weitgehend bedeckten. Vor allem autochthone Rebsorten wie Juhfark (Lämmerschwanz), Furmint und Olaszrizling (Welschriesling) wachsen hier in den Weingärten. Somló ist ein spannendes Terroir und hat als kleinstes Weinbaugebiet Ungarns mit charakterstarken Weißweinen eine gewisse Reputation erlangt.

Recht neu ist, dass es auch die Herkunft feiner Schaumweine ist. Schwung in das Thema brachte das Weingut Kreinbacher, welches heute als moderne Wein- und Sektkellerei in futuristischem Design die Landschaft prägt. József Kreinbacher, ein Weinfreak und -sammler, kaufte die ersten Weingärten in Somló im Jahr 2002. Sein ursprünglicher Plan, ein kleines Weingut mit zehn Hektar zu etablieren, wuchs rasch und deutlich über sich selbst hinaus. Im Fokus stehen bei Kreinbacher Schaumweine nach klassischer Flaschengärmethode. Önologen aus der Champagne beraten die Kellerei, die technologisch auf höchstem Niveau ausgestattet ist. Die Lagerdauer auf der Hefe beträgt bei allen Sekten – Extra Dry, Classic, Prestige, Rosé Brut und Brut Nature – mindestens 18 Monate. Ein elegantes Highlight ist Kreinbachers Brut Nature, der sich aus Chardonnay, Furmint, Pinot Noir und Pinot Blanc zusammensetzt. Mit feiner Hefigkeit, feinem Mousseux und feinmineralischem Zug setzt er ein prickelndes Zeichen in Ungarn.

Kreinbacher Birtok | Somló hegy | 8481 Somlóvásárhely | Tel. +36/88/516250 | somlo@kreinbacher.hu | kreinbacher.hu | €€

KREINBACHER
KREINBACHER BIRTOK
KREINBACHER
BRUT NATURE
MÉTHODE TRADITIONNELLE
750 ml Alc. 12% by Vol.

Österreich

Was lange währt, wird derzeit sehr gut …

Kamptal, Kremstal, Wagram, Weinviertel, Burgenland und Südsteiermark

In der Schaumwein-Welt Österreichs blieb zuletzt kein Stein auf dem anderen. Was »Österreichischer Sekt« ist, wurde 2015 mit der sogenannten Sektpyramide geregelt, einem dreistufigen Modell, in dem die Bezeichnungen Österreichischer Sekt »Klassik«, »Reserve« und »Große Reserve« mit Qualitätskriterien wie Herstellungsmethode und Hefelagerzeit verbunden wurden. Aus der Bezeichnung »Klassik« wurde Anfang des Jahres 2022 »Sekt Austria«, was fortan auch »Reserve« und »Große Reserve« ergänzt.

Österreich hat durchaus eine Geschichte in puncto Sekt. 1842 begann Alwin Schlumberger, zuvor Kellermeister bei Ruinart, »österreichischen Champagner« zu erzeugen. 1890 tat es ihm Johann Kattus gleich und belieferte das Kaiserhaus, was ihm große Bekanntheit bescherte. Jahrelang hielten die daraus entstandenen Wiener Sekthäuser mit ihren Markenprodukten die Fahne hoch. Winzersekte fielen unter Privatvergnügen, von dem man vielleicht als guter Kunde eines bestimmten Betriebes etwas mitbekam. Schlimm wurde es oft dann, wenn etwas, mit dem man nichts Rechtes anzufangen wusste, eben mal versektet wurde, denn: »Blubber verkauft sich immer, irgendwie.«

Mittlerweile sind viele Weinbaubetriebe auch mit ihren Schaumweinen sehr ernst zu nehmen. Ein guter Teil kommt übrigens aus dem Kamptal, das als kühles Gebiet klimatisch und terroirtechnisch hervorragende Voraussetzungen bietet.

Pet Nats (Pétillant Naturels) sind ein sehr junges Kind des österreichischen Schaumweinwunders. In Frankreich spricht man von Méthode Ancestrale, was so viel wie »uralte«, »angestammte« Methode bedeutet – wie man's halt früher gemacht hat. Dabei wird gärender Most in Flaschen gefüllt, und was dann herauskommt, ist nicht immer steuerbar, dafür oft sehr spannend. Pet Nats erfreuen sich großer Beliebtheit, haben eine Fangemeinde vor allem unter jenen, die gern Ungewöhnliches probieren. Für die Winzer sind sie, dank minimaler gesetzlicher Regelungen, geringem technischen Aufwand, aber viel Handarbeit, eine lohnende Spielwiese.

89_Die Freuden des Selbermachens

Rosenquarz Pet Nat

»Lebe Freude!« liest man nicht nur auf Birgit Braunsteins Visitenkarte oder den technischen Datenblättern ihrer Weine. Sie steht ihr auch ins Gesicht geschrieben, wann immer man mit ihr zu tun hat. Braunstein bearbeitet 20 Hektar rund um Purbach am Leithagebirge nach biodynamischen Prinzipien. Die Biodynamie war »eine faszinierende Erfahrung«, schon als sie als Praktikantin bei Stephan von Neipperg in Saint-Émilion dabei sein konnte, als Stéphane Derenoncourt La Mondotte umstellte. 1996 übernahm Braunstein das Weingut ihrer Eltern, seit 2009 tastete sie sich an diese Arbeitsweise heran, seit 2015 ist sie Demeter-zertifiziert. Dass es neben den stillen Weinen in Rot, Weiß und Rosé auch einen Pet Nat Rosé gibt, liegt an Sepp Maier vom Geyerhof. Als einer der Ersten hierzulande versuchte er sich an dieser im Grunde uralten Herstellungsmethode. »Ich mochte seine Sachen von Anfang an«, erzählt Braunstein. Und ihr gefiel der Gedanke, der für viele Pet-Nat-Macher reizvoll ist: alles selbst zu machen. Was auch eine Frage der Eigenverantwortung sei: »Was fülle ich ab, und was verkaufe ich unter meinem Namen?«

Für den Pet Nat Rosenquarz, dessen Name von der Farbe des Getränks inspiriert ist, werden Zweigelt und Blaufränkisch etwa 50:50 aus zwei Weingärten am Leithaberg »nicht zu früh gelesen, es soll ja nichts Unreifes entstehen«. Der gärende Most wird gefüllt und verschlossen, kopfüber gerüttelt und kalt stehen gelassen. »Dem Pet Nat wird absolut nichts zugesetzt, allerdings wird er händisch degorgiert« und mit demselben Getränk aufgefüllt.

Rosenquarz ist ideal, um auch Pet-Nat-Zweifler zu überzeugen, die sich oft an oxidativen Aromen stoßen. Er ist äußerst frisch und saftig, mit eleganter Rotbeerigkeit, die mit einem Hauch von Blättrigkeit an frisch vom Strauch gepflückte Himbeeren erinnert. Und er hat den Tiefgang der Braunstein-Weine. Gelebte Freude eben.

Weingut Birgit Braunstein | Hauptgasse 18 | 7083 Purbach am Neusiedlersee | Tel. +43/2683/5913 | office@weingut-braunstein.at | weingut-braunstein.at | €€

BIRGIT.PU
ROSENQUARZ
BRAUNSTEIN
BIRGIT.PU
ROSENQUARZ
BRAUNSTEIN

90 Kinder der Liebe

Blanc de Noirs Große Reserve Extra Brut

Nachdem die Champagner-Liebhaberin Edwige aus Paris nach der Hochzeit zu Willi Bründlmayer nach Langenlois gezogen war, wollte der junge Ehemann zeigen, dass er unter den hiesigen Gegebenheiten auch etwas in der Art machen könne. So entstand aus Chardonnay, Blau-, Grau- und Weißburgunder und Grünem Veltliner der erste Bründlmayer Brut, der 1992 auf den Markt kam. Durch unablässiges Nachfragen nötigten ihn seine Kunden, das Produkt der Liebe in größeren Mengen herzustellen. 2007 stellte man dem Brut einen geschmeidigen Rosé aus Pinot Noir und Sankt Laurent zur Seite, danach einen Extra Brut, einen Blanc de Blancs, beide zunächst ohne Jahrgang, später mit, alle in der Liga Reserve oder Große Reserve. In den Jahren dazwischen ließ man den Dingen nicht bloß ihren Lauf, sondern verbesserte das Sekt-Geschehen Schritt um Schritt mit jeder gewonnenen Erfahrung. Wichtig war ein Kellerumbau im Jahr 2012, bei dem die passende Logistik für die aufwendige Verarbeitung entstand.

Der Blanc des Noirs zählt zu den jüngsten Sekt-Kindern und erblickte 2020 den Markt der Welt. Begonnen wurde allerdings im Jahr 2015 beim Anschnitt im winterlichen Weingarten mit der Idee eines Blanc des Noirs im Kopf. Der Grundwein, für den das Herzstück aus der »echten Ganztraubenpressung« (mit nicht angequetschten Beeren) verwendet wird, vergärt im Stahltank, Biologischer Säureabbau und Feinhefekontakt inklusive, und wird in gebrauchten 2.500-Liter- und 300-Liter-Fässern 18 Monate gelagert. Nach der zweiten Gärung in der Flasche reift er 35 Monate lang vor sich hin.

Der Blanc de Noirs 2015 ist meisterlich ausbalanciert und spielt feinnervig zwischen dezenten Biskuitaromen, frischer, rotbeeriger Frucht, etwas Zitrus und hefiger Cremigkeit. Ein feines Mousseux zieht sich lang hin. Der Charakter des Blanc des Noirs wird durch die subtil austarierte Extra-Brut-Dosierung präzise herausgearbeitet.

Weingut Bründlmayer | Zwettlerstraße 23 | 3550 Langenlois |
Tel. +43/2734/21720 | weingut@bruendlmayer.at | bruendlmayer.at | €€€

BRÜNDLMAYER
VINTAGE
BRÜNDLMAYER
Blanc de Noirs
2015
Traditionelle Flaschengärung handgerüttelt
EXTRA BRUT LANGENLOIS GROSSE RESERVE

91 Verdunstet im Nu

Purist Pet Nat

Purist – treffender könnte der Name nicht sein. Was hier im Glas prickelt, schmeckt nach purer Frucht und purer Trinkfreude. Seit 2017 erzeugt der Wagramer Winzer Karl Fritsch Pet Nat (Pétillant Naturel) aus Riesling und Muskateller. In Kombination trifft man diese beiden Sorten selten, und sie überraschen hier durch perfekte Harmonie. Duftig und zart geben sich die traubigen Noten vom Muskateller, während der Riesling eine gewisse Ernsthaftigkeit beisteuert; bestechend ist die Leichtfüßigkeit. Die passende Säurebalance und die physiologische Reife der Trauben sind für den Biodynamiker Fritsch bei allen Weinen wesentlich.

Der Purist beginnt nach drei bis vier Tagen seine spontane Gärung im Tank, und nachdem etwa vier Fünftel des Zuckers vergoren sind, wird der noch gärende Most bei 18 Gramm Restzucker in Sektflaschen gefüllt. In den mit Kronkorken verschlossenen Flaschen geht die Gärung munter weiter, die Hefen verwandeln den verbliebenen Zucker in Alkohol und Kohlensäure. Damit ein Bar Druck entsteht, sind vier Gramm Zucker notwendig. Der Purist behält wenige Gramm Restsüße. Ob ein Pet Nat degorgiert wird, entscheidet jeder Winzer für sich. Ohne Dégorgement schmeckt das Produkt hefiger und rustikaler, da die ganze Hefe in der Flasche bleibt. Doch auch dieser Stil hat Fans. Fritsch hat sich zugunsten der Feinheit für das Degorgieren entschieden. Eine zarte Hefetrübung bleibt trotzdem, und sie ist auch gewünscht, denn die Hefe macht den Purist ganz pur, ohne Schwefel, haltbar.

Je nach persönlicher Vorliebe kann man die Flasche vor dem Öffnen ein- oder zweimal vorsichtig umdrehen, damit sich die am Boden abgesetzte Hefe verteilt. Doch das ist Geschmackssache, ohne Aufschütteln geht es klarerweise auch. Der Purist besitzt eine enorme Verdunstungsgeschwindigkeit, vor allem bei sommerlichen Temperaturen. So rasch haben Sie noch selten eine Flasche geleert, versprochen!

Weinberghof Fritsch | Schlossbergstraße 9 | 3470 Oberstockstall |
Tel. +43/2279/5037 | info@fritsch.cc | fritsch.cc | €€

PURIST
Pét Nat.
PURIST
Pét Nat.

92 Keine Champagnerkopie

Blanc de Blancs Brut

Alles begann im Jahr des Herrn 1171. Damals erhielten die Zisterzienser des Stifts Zwettl die ersten Weingärten im Kamptal. 2021 feierte Schloss Gobelsburg daher 850 Jahre Weinbaugeschichte. Auch die Geschichte der Sektherstellung reicht weiter zurück, als man glaubt – immerhin verfügt die weinguteigene Vinothek noch über einige gut erhaltene Flaschen aus den 1970er Jahren. Die moderne Sekt-Ära begann 1996 unter Michael Moosbrugger, der seitdem das Weingut leitet. Im Dezember 1999 kam die erste Brut Reserve – von Pinot Noir, Riesling und Grünem Veltliner – auf den Markt. Während andere Weingüter in Richtung Burgundersorten spielten, setzte Moosbrugger zum größeren Teil auf regionale Sorten, denn die Champagne wollte er nicht kopieren. Damals wie heute geschieht die gesamte Produktion am Weingut selbst.

Schloss Gobelsburgs charmante Brut Reserve ist ein beliebter Klassiker. Seit 2015 bereichert der Blanc de Blancs aus Veltliner, Welschriesling und Chardonnay, im Verhältnis 55:30:15, das Sektsortiment. Die Hefelagerzeit beträgt drei Jahre. Der Blanc de Blancs ist im Charakter hell, feinhefig, kompakt und straff gebaut, fällt mit frischem Säurezug auf. Gerade auf die Säurestruktur komme es beim Sektgrundwein an, verrät Moosbrugger. Sekt werde zwar auch aus Trauben gemacht, sei aber vom Denkansatz her ganz anders als Wein. Weingärten in kühleren Bereichen, aber auch höhere Erträge seien Teil der Herangehensweise.

Betrug die Sektmenge von Schloss Gobelsburg vor 20 Jahren noch 15.000 Flaschen, so sind es heute etwa 50.000 und damit fast sieben Prozent der Gesamtproduktion des renommierten Weinguts. Im Jahr 2020 kam ein neuer, sehr gelungener Rosé Brut auf den Markt, und an der Spitze des Sortiments steht ein hochfeiner Vintage-Sekt, eine Große Reserve, die es nur von den allerbesten Jahrgängen gibt, aktuell zum Beispiel 2010. Auch die Vorfreude auf den 2013er ist bereits groß.

Weingut Schloss Gobelsburg | Schlossstraße 16 | 3550 Gobelsburg | Tel. +43/2734/2422 | schloss@gobelsburg.at | gobelsburg.at | €€

SEIT 1171
SCHLOSS
GOBELSBURG

93 Naturbelassen mit Sturm

Sekt PUR Zweigelt Blanc de Noir Große Reserve

Matthias Hager will seine Weine so naturbelassen wie möglich herstellen. Mit biodynamischer Arbeit im Weingarten schafft der Demeter-Winzer dafür die Grundlage und setzt dies mit dem weitgehenden Verzicht auf Hilfsmittel im Keller fort. Wie aber schafft man es bei der traditionellen Sektherstellung, ganz ohne Zusätze zu arbeiten? Für die zweite Gärung in der Flasche ist ja grundsätzlich die Zugabe von Zucker und einer gärstarken Sekthefe notwendig – ein Dilemma für einen Naturwein-Winzer.

Der experimentierfreudige Hager fand für seinen Sekt PUR Große Reserve die perfekte Lösung. Nachdem er den Grundwein nach der ersten Gärung ein knappes Jahr lang im Holzfass gelagert hatte, füllte er ihn zur nächsten Lese in Sektflaschen, fügte dann anstatt des typischen Zucker-Hefe-Gemischs frischen, noch süßen, aber bereits gärenden Most hinzu. So startete auch die zweite Gärung »spontan«. Die Unsicherheit, ob es wirklich klappt und der Sekt durchgärt, ist bei dieser Methode natürlich groß. Bei Hagers Großer Reserve klappte es hervorragend. Nach 36 Monaten Hefelager erfolgte das Dégorgement ohne Dosage und Schwefelzusatz. Der Blanc de Noir von 100 Prozent Zweigelt besitzt einen zarten Rosastich, zeichnet sich durch herrliche Leichtigkeit bei nur elf Volumenprozent Alkohol und besonders feine Perlen aus. Mit feinen Noten von Brioche, Kräutern und Blutorangen zeigt er sich mineralisch-straff und cremig-lang bei nur drei Gramm Restsüße. Man genießt ihn vorzugsweise aus einem großen Glas. Schaum- und Perlweine haben bei Hager einen Anteil von 20 Prozent, und der Winzer zeigt viel Talent für Pet Nat, das er sowohl mit Grünem Veltliner als auch mit Zweigelt unter Beweis stellt.

Nirgends kann man Hagers trinkanimierende Schäumer übrigens unbeschwerter genießen als in der »Weinbeisserei«, im herrlich gelegenen Heurigenlokal seines Bruders Hermann, mitten in den malerischen Weinbergen von Mollands.

Weingut Doris und Matthias Hager | Weinstraße 45 | 3562 Mollands |
Tel. +43/2733/8283 | wein@hagermatthias.at | hagermatthias.com | €€€

SEKT
PUR
Große Reserve
Hager Matthias
ÖSTERREICH

94 Offen für Inspiration

Solera Reserve Extra Brut

Hannes Harkamp macht gern Wein, aber noch lieber Sekt. Der Faszination für die feinen Perlen erlagen er und seine Frau Petra früh. Champagner, Franciacorta, Cava – sie probierten, reisten, ließen sich inspirieren und kamen zu dem Schluss, dass hochqualitative Schaumweine doch auch in der Südsteiermark möglich sein müssten. Im Jahr 2010 degorgierten sie in der Villa Hollerbrand in Leibnitz die erste Reserve Brut vom Jahrgang 2007 – die Sektmanufaktur war gegründet. Heute liefern von ihren 20 Hektar bereits 13 Trauben für Sekt. Rasch erarbeitete sich Harkamp auch einen hervorragenden Ruf als Lohnversekter für Winzerkollegen. Mit der Umstellung auf Biodynamie fand er es aber zunehmend schwieriger, mit fremden Weinen, die nicht aus Bioproduktion stammten, zu arbeiten. Den guten Rat des deutschen Sektgroßmeisters Volker Raumland, sich ausschließlich auf die eigenen Sekte zu konzentrieren, nahm er 2021 schließlich bereitwillig an.

Harkamps Brut Reserve, sein Zero Dosage, die Große Reserve »5 Elemente« sind alle großartige Winzersekte, die ungewöhnlichste Spezialität aber heißt »Solera« Reserve. Kommt Ihnen spanisch vor? Stimmt, an sich kommt das Solera-System, bei dem man die Fässer immer wieder mit Wein vom neuen Jahrgang auffüllt, bei der Herstellung von Sherry zum Einsatz. Harkamp entdeckte, dass ein paar Champagner-Winzer dieses Verfahren für ihre Zwecke adaptiert hatten. Nun lagert auch bei ihm Wein in einem großen Solera-Fass – ein Querschnitt aller Jahrgänge ab 2016. Jährlich füllt Harkamp etwa die Hälfte der Menge ab und das Fass mit neuem Wein auf. So wird der Grundwein für die Solera Reserve aus zwei Dritteln Zweigelt und einem Drittel Weißburgunder im Laufe der Jahre immer komplexer. Nach mindestens 18 Monaten Hefelager in der Flasche erfreut der eigenständige Extra Brut schon heute mit brotig-rauchiger Würze, saftiger Cremigkeit und extrem feiner Perlage. Wir zweifeln nicht an mehreren Jahren Reifepotenzial.

Weingut und Sektmanufaktur Harkamp | Hollerbrandweg 6 | 8430 Leibnitz | Tel. +43/3452/76420 | weingut@harkamp.at | harkamp.at | €€

HARKAMP
Seit 1926
HARKAMP
SOLERA
RESERVE

95 Brut Nature als Leitwährung

Bio Pet Nat Chardonnay Brut Nature

Christina Hugl ist mit Sekt aufgewachsen. Natürlich war das nicht das Getränk ihrer Kindheit, aber ihre Familie macht in der Weinviertler Sektmanufaktur in Drasenhofen seit 40 Jahren Sekt nach Méthode Traditionnelle. Direkt hineingezogen ins Winzerinnen-Dasein wurde sie dennoch nicht. Sie suchte lieber das Weite und arbeitete als »Assistent Sommelière« in den Niederlanden. Erst als sie 2014 ihrer Familie bei der Weinlese zur Seite sprang, hat es eingeschlagen. Sie bat ihren Vater um Trauben, um ihre ersten 750 Flaschen Sprudel zu machen. Mittlerweile führt Christina Hugl ihren eigenen Betrieb in Langenlois. Bekannt wurde sie mit ihren Pet Nats, denn »sie bieten eine super Möglichkeit, mit der österreichischen Sortenvielfalt zu spielen. Spannend sind sie vor allem, weil sie kaum manipulierbar sind, da sie noch gärend gefüllt werden«. Der Bio-Pet-Nat vom Chardonnay ist extrem ausgewogen, sehr fein strukturiert und generell ohne Fehl und Tadel.

Ob Sekt oder Pet Nat, bei Hugl ist alles Brut Nature oder Extra Brut, »maximal«, schiebt sie nach. »Wenn wir etwas trinken, dann ist es fast nur Brut Nature.« Sie gebe grundsätzlich nichts dazu, sondern versuche über die Grundweine eine gewisse Molligkeit zu erreichen, die alle ihre Erzeugnisse auszeichnet. Beim Degorgieren wird mit demselben Wein aufgefüllt. Ob ein Grundwein Biologischen Säureabbau macht oder nicht, überlasse sie dem Wein selbst. »Einmal habe ich mit Hefen nachgeholfen, aber seither nie mehr wieder«, gibt sie zu.

Die Champagne inspirierte sie übrigens zu ihrem jüngsten Coup: Pinot Meunier wurde im Mai 2021 neu ausgepflanzt. Die Rebsorte, in deutschsprachigen Landen auch Müllerrebe oder Schwarzriesling genannt, ist rar in Österreich und nicht in der Rebsortenverordnung für Qualitätsweine gelistet. In der Champagne zählt sie mit Chardonnay und Pinot Noir zu den Protagonisten. Man darf gespannt sein.

Christina Hugl Sekt & Pet-Nat | Gartenzeile 1 | 3550 Langenlois |
Tel. +43/650/7427151 | info@christinahugl.at | christinahugl.at | €€

Christina
Hugl
BIO PET-NAT 2019
CHARDONNAY

96_Kellerfunde

Grüner Veltliner Große Reserve Brut Nature

Schaumwein hat im Hause Jurtschitsch eine illustre Geschichte. Während des Zweiten Weltkriegs vergrub Alwin Jurtschitschs Urgroßvater angesichts der dräuenden Ereignisse einige Flaschen Rieslingsekt im Lössboden des Kellers, die erst nach Jahrzehnten mit Hilfe der Großmutter wiedergefunden wurden. Stefanie und Alwin, die das Weingut neu ausgerichtet haben und es heute gemeinsam führen, lieben Sekt. Ihn selbst zu machen lag auf der Hand. Von Veltliner als Sekt wurde ihnen dringend abgeraten, es gebe keinerlei Erfahrung damit, lieber das nehmen, was alle nehmen.

Auf der Suche nach einem für Grundwein geeigneten Weingarten dachten sie zuerst an Pinot Noir und Chardonnay, die aber in den wärmsten Lagen gepflanzt waren. Fündig wurden sie in Mittelberg, einer nordwestlich von Langenlois gelegenen Minigemeinde, etwa 200 Meter höher als ihr Heimatort. Der Höhenunterschied bewirkt kühlere Temperaturen, daher langsamere Ausreifung, ideal für Sekt-Zwecke, allerdings bestockt mit Grünem Veltliner. Einen alten Weingarten auf einen tauglichen Grundwein hin zu bewirtschaften benötigt einen Komplettumstieg: kurze Laubwand, Kordonschnitt, um kleinere, kompaktere Beeren und den richtigen – nämlich richtig niedrigen – pH-Wert zu erhalten. Auch die unterschiedliche Säurestruktur von Veltliner zu Chardonnay muss immer mitgedacht werden.

Was Rebsorten-Fans oft im Veltliner-Sekt suchen – klare Frucht plus eine fein balancierte helle Körnerwürzigkeit –, findet sich in dieser Große Reserve reichlich. Doch viel reizvoller ist die engmaschige mineralische Struktur mit elegantester Perlage, die am Gaumen schmeichelt und sich lang hinzieht. Für Jurtschitsch passen Veltliner und Dosage nicht zusammen, daher auch Brut Nature. Beim Degorgieren wird mit der gleichen Flüssigkeit aufgefüllt.

Der Rieslingsekt des Uropas wartet übrigens seit seiner Entdeckung in der Familienvinothek auf wirklich besondere Ereignisse. Doch er ist nicht mehr allein.

Weingut Jurtschitsch | Rudolfstraße 39 | 3550 Langenlois |
Tel. +43/2734/21160 | weingut@jurtschitsch.com | jurtschitsch.com | €€

JURTSCHITSCH
– BRUT NATURE –
Große Reserve

97 Blind erkannte Feinheit

Reserve Extra Brut

Weinfreaks verkosten manchmal gern »blind«, also mit verdecktem Etikett. Dann geht es darum zu erraten, welche Herkunft und Sorte sich im Glas befindet. Im Fall von Schaumweinen ist die Frage »Sekt oder Champagner?« meistens nicht so schwierig zu beantworten. Dennoch geschah es, dass bei einer Blindverkostung fünf von fünf Weinprofis, inklusive der Autorin dieser Zeilen, Fred Loimers Extra Brut Reserve für Champagner hielten. Die Enttarnung der Flasche überraschte und machte die Österreicher unter den Verkostern ein wenig stolz. Des Winzers Antwort auf das ihm freudig per Textnachricht mitgeteilte Ergebnis kam prompt: »Vielleicht – und hoffentlich – sagt man in zehn Jahren: sehr, sehr gut – das könnte Sekt aus Österreich sein!« Hoffen wir auch.

Derzeit steht fest, dass Loimers Sekte im Lande ihresgleichen an Feinheit und Präzision suchen. Die Extra Brut Reserve – schon im ersten Jahrgang 2013 auffällig – besteht aus einem bunten Mix von Zweigelt, Pinot Noir, Chardonnay, Pinot Blanc, Pinot Gris und Grünem Veltliner. Ja, wieder stellt sich auch der Zweigelt als hervorragende Sekt-Sorte heraus. »Für einen perfekten Grundwein braucht es eine sehr gute physiologische Reife der Trauben bei leichtem potenziellen Alkoholgehalt, das heißt maximal elf Volumenprozent«, erklärt der Biodynamiker Loimer. »Ich halte zudem Rebsorten, die von sich aus weniger Gerbstoffe besitzen, für besser – wie den Zweigelt. Außerdem erreicht er die physiologische Reife bei guter Säure – perfekt für Sekt.«

Entscheidend ist dann die Präzision bei der Verarbeitung. Alles andere als Handlese, Kleinkistentransport und möglichst schonende Pressung der Trauben sind für Loimer ein No-Go. Keinesfalls unerwähnt dürfen seine beiden phantastischen Großen Reserven bleiben: der hochfeine mineralische Blanc de Blancs Langenlois und der etwas druckvollere, herrlich cremige Blanc de Noirs Gumpoldskirchen von 100 Prozent Pinot Noir.

Weingut Fred Loimer | Haindorfer Vögerlweg 23 | 3550 Langenlois | Tel. +43/2734/22390 | weingut@loimer.at | loimer.at | €€

LOIMER
RESERVE
SEKT
LOIMER
Extra Brut
RESERVE
NIEDERÖSTERREICH

98 Weinviertler mit Würze

Von den Weißen Brut

Christian Madl spezialisierte sich schon vor 30 Jahren ganz und gar auf Sekt. Mit feinen Schaumweinen nach Méthode Traditionnelle zeigte er früh, dass das Weinviertel nicht nur als Herkunftsgebiet günstiger Sektgrundweine für die großen Kellereien taugt, sondern deutlich mehr Potenzial besitzt. In Madls Heimat Schrattenberg reifen die Sekte unter idealen Bedingungen im Sektkeller »Schretenperg«, den er gemeinsam mit seinem Vater aus drei alten Weinkellern gebaut hat, Degustationsraum inklusive.

Die Flaschenlagerung *sur lattes* – liegend aufeinandergestapelt – dauert bei Madl mindestens ein Jahr, meistens aber einige Jahre länger. Warum spielt die Dauer des Hefelagers eine so große Rolle? Nun, *sur lattes* findet die Autolyse statt. Die nach der zweiten Gärung abgestorbenen Hefezellen zersetzen sich bei der Autolyse von selbst. Die Bildung von Mannoproteinen, Azet-Verbindungen und Aminosäuren fördert die charakteristischen Aromen von Brioche und Biskuit zutage. Gleichzeitig fallen phenolische Verbindungen aus, wodurch der Sekt geschmeidiger und weicher wird, sowohl das Mousseux als auch der Geschmack verfeinern sich.

Sechs Jahre reift zum Beispiel der feine Brut »Von den Weißen« auf der Hefe. Er bezaubert mit zarten Röstnoten von feinem Brioche und frischem Toast. Die Perlage ist elegant und beständig, das Spiel der knackigen Säure mit der Restsüße im oberen Brut-Bereich von zwölf Gramm bestens gelungen. »Von den Weißen« ist eine Cuvée aus Welschriesling, Grünem Veltliner und Riesling. »Die Idee war hier, eine gebietstypische Cuvée zu machen. Stillweine dieser Art kannte ich schon von Kollegen, und das hat mir gut gefallen, weil die Weine so würzig waren«, erklärt Madl.

Noch länger durften seine beiden hochwertigsten Schäumer vom großen Sekt-Jahrgang 2010 auf der Hefe reifen, der verspielte Önothek Rosé und die straffe Önothek Cuvée Benedikt, benannt nach dem kleinen Sohnemann.

Sektkellerei Christian Madl | Hauptstraße 49 | 2172 Schrattenberg | Tel. +43/2555/24168 | office@madlsekt.at | madlsekt.at | €€

SEKTKELLEREI
MADL
VON DEN WEISSEN
SEKTKELLEREI
MADL
VON DEN WEISSEN

99 Pioniere der Gegenwart

Rosé Reserve Brut

Weinbaupioniere seien sie, liest man auf der Homepage des Weinguts Malat. Tatsächlich waren sie immer vorne dabei, wenn sich Dinge im österreichischen Weinbau zum Besseren entwickelten. So war es auch beim Sekt, der in den flotten 1970er Jahren vor allem den großen Wiener Sekthäusern vorbehalten war. 1976 machte Gerald Malat, Vater von Michael Malat, der seit 2008 für das Weingut in Palt verantwortlich ist, den ersten Winzersekt »Malat Brut«, eine Cuvée aus Grünem Veltliner und Welschriesling, einer damals weitverbreiteten Rebsorte. Alles entstand damals in purster Handarbeit, die gesetzliche Mindestlagerzeit wurde ausgedehnt und sämtliche Arbeiten des Flaschengärverfahrens im Haus erledigt. Und so blieb es bis heute.

Vater Malat ist bald zu Burgundersorten übergegangen, die heute noch verwendet werden. Michael hat dennoch einiges geändert nach der Übernahme, weil es bei allem, was er macht, noch mehr in Richtung Eleganz, Finesse und Struktur gehen soll. In Sekt und Pinot Noir investierte er viel: Die Trauben werden noch schonender verarbeitet, in noch kleineren Gebinden, bei noch niedrigeren Ausbeutesätzen und noch längeren Hefelagerzeiten.

Der Brut Rosé ist aus 100 Prozent Pinot Noir. Er liegt mehr als 40 Monate auf der Hefe, was ihn zur Großen Reserve adeln würde, aber er nennt ihn Reserve, »weil er es für mich einfach ist«. Brut steht auf dem Etikett, und dennoch schmeckt dieser Rosé wunderbar straff und trocken. Die Perlage ist feinst und hält sich hartnäckig, dazu präzise rotbeerige Fruchtaromen, wie Preiselbeeren und Himbeeren, gekontert durch eine feine Rauchigkeit.

Degorgiert wird übrigens immer mit dem jeweils selben Wein, das Datum des Dégorgements findet sich auf dem Rückenetikett. Falls kein Rosé zur Hand sein sollte, kann man sich beruhigt mit den »weißen Brüdern« des Rosé, Brut Nature oder Blanc de Blancs, über die Runden helfen.

Malat Weingut & Hotel | Hafnerstraße 12 | 3511 Palt | Tel. +43/2732/82934 | weingut@malat.at | malat.at | €€

MALAT
Brut Rosé
Reserve
MALAT

100 Hedonismus leben

Muscato Frizzante

Regina und Günter Triebaumer sind Hedonisten. Sie versagen sich keinerlei Genüsse, sind weit herumgekommen in der Welt des Weins und keinem Weinstil abhold. Nach einem Tag der Rotjungweinverkostung im Piemont erlebten sie es als große Freude, den Tannin-belasteten Gaumen mit einem Glas Moscato d'Asti spülen zu können.

So entstand die Idee zum Muscato, einem nach Méthode Charmat produzierten Perlwein aus Gelbem Muskateller mit leichtfüßiger Duftigkeit und burgenländischer Gewichtung. Nach einer Phase des Experimentierens mit Restzucker pendelte man sich bei 90 Gramm ein, ausbalanciert von kräftiger Säure.

Die leichtfüßige Cremigkeit verdankt er einem in Österreich nur von ihnen gepflogenen Herstellungsverfahren, durchgeführt bei einem Versekter in Klosterneuburg. Der blitzblanke Most wird im Tank durch Champagnerhefen zum Gären gebracht. Kohlensäure wird nicht zugeführt, sondern die bei der Gärung entstehende verwendet. Der Muscato bleibt sechs Wochen lang unter Druck im Tank, um die Kohlensäure gut in den Saft einzubinden. Die Gärung wird aus Gründen der Ausgewogenheit bei sieben Prozent Alkohol durch Abkühlen und Druckerhöhung gestoppt. »Die Kunst dabei ist, nicht über 2,49 periodisch Bar Druck zu kommen, da ihm sonst der Perlwein-Status aberkannt wird«, so Günter Triebaumer. Sekt dürfte er dann aber auch nicht heißen. Denn bei einem Druck von mehr als 2,5 Bar muss ein Alkoholgehalt von neun Volumenprozent her, sonst ist das Getränk gar nichts, weder Perlwein noch Sekt – eine Lücke im Gesetz, die niemand erklären kann.

Die Aromen des Muscato spielen mit allem, was Zitrusfrüchte aufbieten: mit den unterschiedlichen Früchten selbst und ihren Zesten, was eine zarte, herbe, sehr erfrischende Note einbringt. Falls eine pfiffige Idee für eine Speisenkombination erwünscht ist: Auf der Homepage der Triebaumers finden sich anregende Rezept- und Kombinationsvorschläge.

Weingut Günter + Regina Triebaumer | Neuegasse 18 | 7071 Rust |
Tel. +43/676/7248797 | weingut@triebaumer.at | triebaumer.at | €

TRI
EBA
UME
R
MUSCATO

101 Einsteigen, aber richtig!

Grüner Veltliner Klassik Brut

Zuschmann-Schöfmanns Grüner Veltliner Klassik ist der Prototyp dessen, was ein »Sekt g.U. Klassik« sein kann. Der Geschmack des Grünen Veltliners steckt nicht hinter der Herstellungsform zurück, sondern zeigt klares Profil: reife Apfel- und Birnenaromen, dazu feine helle Körnerwürze. Der Sekt ist erfreulich gebaut mit seinen warmen, harmonischen Aromen und der feinen Salzigkeit, die Perlage so fein, dass sie animierend am Gaumen kitzelt.

Laut Bezeichnung gehört dieser Schäumer zur Liga Klassik, also der Einstiegsklasse der österreichischen Sektpyramide. Geschmacklich ist er genau das, was man sich darunter gern vorstellt, aber leider nicht immer bekommt. Die Bestimmungen wurden bei diesem »Klassik« nämlich qualitativ nach oben ausgereizt, nicht nach unten. Erlaubt wären alle Herstellungsmethoden, gewählt wurde die Traditionelle Flaschengärung. Die Mindestlagerzeit auf der Hefe wurde von neun Monaten auf 18 ausgedehnt. »Alle Grundweine werden gleich gemacht und über Hefelagerzeiten zu Reserve oder Große Reserve«, erklärt dazu Peter Schöfmann. Alle seien Brut, die Klassik liege bei fünf bis sechs Gramm Restzucker. »Zwei Jahre länger auf der Hefe, und man bräuchte den Restzucker nicht mehr, da der Sekt durchs Hefelager cremig genug wird.«

Aufgezeigt wird damit eine Möglichkeit, die umstrittene Stufe der Klassik-Sekte aufzuwerten, die 2021 per Gesetz zu Sekt Austria g.U. geändert wurde. Else Zuschmann und Peter Schöfmann haben sich in Martinsdorf im Weinviertel, dem Sekt-Grundwein-Zentrum des Landes, ein feines Refugium rund um Wein geschaffen. Dazu gehören eine Weinlodge zum Übernachten und eine Greißlerei mit Regionalem und eigenen Produkten. Else Zuschmann ist die Kellermeisterin, ihr Mann Peter Schöfmann als gelernter Koch für die kulinarische Seite zuständig. Alle Sekte des Hauses werden übrigens im Haus fix und fertig durchgearbeitet, die Trauben für den Grundwein kommen aus Martinsdorf und Umgebung.

Weingut Zuschmann-Schöfmann | Winzerstraße 52 | 2223 Martinsdorf | Tel. +43/2574/8428 | office@zuschmann.at | zuschmann.at | €€

FRAU
ZUSCHMANN
HERR
SCHÖFMANN
KLASSIK
GRÜNER VELTLINER-BRUT

Portugal und Spanien

Nicht alles ist Cava auf der Iberischen Halbinsel

Bairrada und Penedès

In Portugal gibt es Schäumendes in unterschiedlichster Form und Qualität. Darunter Mateus Rosé, Exportschlager seit den 1980er Jahren, und die zart prickelnden Vinho Verdes. Aber auch deutlich Ernsthafteres ist möglich. In der Region Bairrada wird seit dem 19. Jahrhundert Schaumwein aus der Rebsorte Baga gemacht, heute immer öfter auch aus den lokalen weißen Sorten. Dass sich das Gebiet dafür hervorragend eignet, liegt am Zusammenspiel der kühlenden Atlantiknähe und der mächtigen Kalkböden im Osten. Früher wurde die Schaumweinproduktion vor allem über Négociants abgehandelt, doch heute gibt es immer mehr Winzer, die die Sache selbst in die Hand nehmen.

In Spanien dagegen gab es mit Cava sogar eine langjährige Tradition, hochwertigen Schaumwein zu machen, die im Penedès rund um Barcelona ihren Anfang nahm. Das Problem war allerdings, dass man es im Lauf der Zeit mit den Herkünften nicht so genau nahm. Cava stammte überallher. Das störte einige namhafte und vor allem qualitätsorientierte Produzenten, sodass sie sich im Lauf der Jahre von Cava DO (Denominación de Origen) lossagten, um unabhängig und ohne das Siegel Cava DO auf dem Etikett zu agieren, das seinen Wert eingebüßt hatte. 2019 gründeten zwölf Produzenten ihre eigene DO: »Corpinnat«, bei der Herkunftsgebiet und Verarbeitungsstandards deutlich enger gefasst und die biologische Bewirtschaftung der Weingärten vorausgesetzt wurden. Solche Bewegungen bewirken allein schon deshalb einen Qualitätsschub, da sich mehr Menschen darüber Gedanken machen. Auch der Consejo Regulador Cava hat nachgedacht und ist nachgezogen, zum Beispiel, indem er 2021 festlegte, dass bis 2025 jeder Cava der Kategorien Reserva, Gran Reserva und Paraje Calificado biologisch zertifiziert sein muss.

Jedenfalls bewegt sich einiges auf der Iberischen Halbinsel.

102 Ungeschminkte Schönheit

3B Blanc de Blancs Brut Nature

Bairrada, atlantiknah in der Mitte Portugals gelegen, ist bekannt dafür, dass dort seit dem 19. Jahrhundert Schaumwein gemacht wird, und für die rote Rebsorte Baga, die dort in den Weingärten seit immer und ewig dominiert. Das ist dem Zusammenspiel von Böden und Klima zu verdanken. Die Region ist relativ feucht und kühl mit ausgeprägten Temperaturunterschieden zwischen Tag und Nacht und verfügt in ihren östlichen Gefilden über fette Kalkböden. All das ergibt sehr gute Voraussetzungen, um Cool-Area-Weißweine wie auch Grundweine für Espumantes zu machen. In Portugal gibt es überdies einen reichen Fundus an autochthonen Rebsorten, was viele Weinstile ermöglicht.

Filipa Pato und ihr Mann William Wouters befassen sich eingehend mit den Rebsorten ihrer Region und haben daraus unter anderem den 3B Blanc de Blancs gemacht. Die Rebsorten im Grundwein heißen Maria Gomes, die aromatische Duftigkeit ins Cuvée einbringt, Bical, die für die Säure zuständig ist, und Sercial für den Körper. Sie werden spontan vergoren und nach neun Monaten Hefekontakt ohne Zusätze degorgiert. Neun Monate seien ausreichend, da die Trauben etwas reifer als beispielsweise in der Champagne gelesen werden, meint Filipa Pato. Ein zarter Briocheton zieht sich durch, der dem sehr kalkigen Boden in dieser Gegend zu verdanken ist. »Weine ohne Make-up« lautet der Leitsatz, der mit dem 3B perfekt umgesetzt wurde. Er hat viel Säure, ist dennoch äußerst geschmeidig mit seiner Brut-Nature-Dosierung und erfrischt mit einem zartherben Ton im Abgang und ausgeprägter Harmonie. Degorgiert wird übrigens à la volée.

Das Weinmachen wurde Filipa zwar in die Wiege gelegt, ihr Vater Luis Pato (siehe Nummer 103) ist eine Winzerlegende in Portugal. Doch sie studierte zunächst Chemie, um nach Praktika in unterschiedlichen Ländern 2001 doch noch beim Weinmachen zu landen. Gut so!

Filipa Pato Vinhos – Vinos Unip | Rua de Santo André 41 | 3780-502 Óis do Bairro – Anadia | Tel. +351/231/516041 | info@patowouters.com | patowouters.com | €€

FILIPA PATO
3B
BLANC DE BLANCS
BRUT NATURE
Unfiltered
Vinhos Autênticos,
Sem Maquilhagem
Authentic Wines
Without Makeup
750ml

103 Wie die Tochter, so der Vater

Informal Vinho Espumante

Vorneweg: Falls sich jemand über die Namensgleichheit wundert – Luís und Filipa Pato sind Vater und Tochter. Dennoch wählten wir beide aus, weil sie in ihrer Heimatregion völlig unterschiedliche Schaumweine machen. Luís Patos Verdienste über vier Jahrzehnte um den portugiesischen Wein im Allgemeinen und die Rebsorte Baga im Besonderen können nicht oft genug gewürdigt werden. Er nahm sich einer Rebsorte an, die ein Dasein knapp vor dem Verschwinden fristete, und führte »moderne« Kellertechniken wie Barriquefässer ein.

Baga ist rot, hat mörderisch viel Tannin, deftige Säure, konzentrierte dunkelbeerige Fruchtaromen – und man findet sie fast nur in der Region Bairrada. Rotweine aus Baga trinkt man durchaus ganz frisch. Falls man diese kurze Phase versäumt hat, verräumt man sie am besten für mindestens zehn Jahre in einen Weinkeller. Die Säure ist es aber, die sie für Schaumwein interessant macht, der in Bairrada seit dem 19. Jahrhundert gemacht wird.

Die Trauben für Luís Patos Informal, einen dunkelroséfarbenen Schaumwein, kommen aus dem Panasqueira-Weingarten mit äußerst kalkreichen Lehmböden. Die Trauben für den Espumante werden drei Wochen früher gelesen als diejenigen für Rotwein. Verwendet wird nur der freilaufende Saft, der dennoch eine intensive Farbe ergibt. Der Hefekontakt dauert drei Jahre. Beim ersten Reinriechen denkt man kurz an Kork, was aber bei einem Kronkorken als Verschluss nicht wirklich sein kann. Nach wenigen Minuten im Glas beginnt er rauchig-erdig nach Grillkohle und dem Torffeuer in irischen Pubs zu duften. Langsam arbeitet sich eine hellbeerige Frucht durch, Himbeere oder Rhabarber, und feine erdige Würze legt sich darüber. Die Perlage ist sehr dicht und kompakt, das Finish lang, rotfruchtig und salzig. Sosehr er einen beim Reinriechen auch verwirren mag, so sehr entzückt dieser fordernde Schaumwein am Gaumen.

Adega Luís Pato | Rua da Quinta Nova | 3780-017 Amoreira da Gândara | Tel. +351/231/596432 | geral@luispato.com | luispato.com | €

BAGA DA VINHA PAN
BAIRRADA DOC
VINHO ESPUMANTE
BRUTO 2015
2015
INFORMAL
Luis Pato

104 Von den Höhen des Penedès

Ancestral Montonega

Erfrischung pur! Der Ancestral Montonega von Can Sumoi ist ein knochentrockener, herrlich leichter Pet Nat aus dem Penedès im Nordosten Spaniens. Can Sumoi heißt das zweite, noch recht neue Weingut von Pepe Raventós, der in 21. Generation Winzer ist. Ja, die Weinbaugeschichte seiner Familie reicht tatsächlich bis 1497 zurück – da hatte Christoph Kolumbus gerade mal Amerika entdeckt. Die Bodega Raventós i Blanc in Sant Sadurní d'Anoia stellt heute exzellente Schaumweine nach Klassischer Flaschengärung her. Pepe Raventós führt das Weingut gemeinsam mit seinem Vater Manuel biologisch-dynamisch, nach ganzheitlichem Ansatz im Sinne einer Farm. Doch die Idee vom Weinmachen ohne jegliche Zusätze ließ ihn nicht mehr los, und er versuchte sich in seiner Garage an Naturweinen. Bald stellte sich heraus, dass der Platz dort nicht reichen würde.

Bei einer Radtour im katalanischen Hochland stieß Raventós auf die verlassene Finca Can Sumoi, renovierungsbedürftige Gebäude mit 400 Hektar Land, dominiert von Steineichen-, Kiefern- und Eichenwäldern. Dazu 20 Hektar verwilderte Weingärten auf Kalkboden, bepflanzt mit den autochthonen Sorten Parellada, Sumoll und Xarel·lo, deren Reben auf 600 Metern sowohl die Höhenluft der Berge des Massis del Montmell schnuppern als auch den Blick auf das Mittelmeer genießen – perfekt! Nach Renovierungsarbeiten kam 2017 der erste Jahrgang von Can Sumoi in den Verkauf, und zum Portfolio gehört eben auch Prickelndes nach Méthode Ancestrale: ein Rosé von Sumoll und der weiße Montonega – so nennt sich ein lokaler Klon der Sorte Parellada. Dem Montonega wurde kein Schwefel zugesetzt. Dank Dégorgement fließt er ohne Hefetrübung ins Glas. Er duftet zart floral, nach frischem Kernobst und erfreut mit schnittiger Säure den Gaumen. Diese leichtfüßige, hochattraktive Mischung aus Steinigkeit und Zitrusfrucht macht Riesenspaß!

Can Sumoi Estate | Serra de L'Home, Montmell | 08770 Sant Sadurní d'Anoia | Tel. +34/93/8183262 | info@raventos.com | raventos.com | €

CAN SUMOI
Can Sumoi
SERRA DE L'HOME · EST. 1645
ANCESTRAL
MONTONEGA
2018

105 Im Herzen abtrünnig

Gramona Imperial Brut

Die Vogelscheuchen waren ein Reinfall. Sie irritierten die Stare nicht lange. Auch akustische Abwehr und Netze um die Traubenzone zeigten wenig Wirkung. Trotzdem sind die Vögel, denen früher bis zu 20 Prozent der Ernte zum Opfer fielen, für Gramona kein Problem mehr. Die Lösung waren Wanderfalken, die den Staren Angst einflößen. Sie sind neben Pferden, Rindern, Hühnern, Gänsen, Schafen und Eseln die neuesten Familienmitglieder des biodynamischen Weinguts Gramona.

Gramona gehört zu jenen Abtrünnigen, die Anfang des Jahres 2019 die Cava-Appellation verließen und die Marke »Corpinnat« gründeten, weil sie die laxen Regelungen der Denominación nicht länger akzeptieren wollten. Das Image von Cava leidet unter zu viel billiger Massenware. Obwohl Cava zu 95 Prozent im Penedès produziert wird, hatte man auch nie eine klare Herkunftsabgrenzung erreicht. Die zehnköpfige Corpinnat-Gruppe, zu der neben Gramona Topbetriebe wie Recaredo, Torelló und Llopart gehören, definierte nicht nur ihr Territorium »im Herzen des Penedès« (*cor* – Herz, *pinna* – Penedès, *nat* – geboren), sondern legte auch klare Kriterien, wie Handlese, Mindestpreise für Traubenlieferanten, den starken Fokus auf die autochthonen Sorten und eine 18-monatige Mindestlagerzeit auf der Hefe, fest. Zudem arbeiten alle Mitglieder nach Bio-Richtlinien.

Als einer der renommiertesten Schaumweinproduzenten Spaniens setzt Gramona ganz auf traditionelle Verfahren, wie den Einsatz von Naturkorken während der Reifung auf der Hefe, die traditionellen Rüttelpulte und das manuelle Degorgieren. Nach allen Regeln der Handwerkskunst wurde auch der Imperial Brut hergestellt. Ihn zeichnen große Eleganz, viel Rückgrat und die fein abgestimmte Dosage von sieben Gramm pro Liter aus. Das Zellophan, welches jede einzelne Flasche umhüllt, ist übrigens nicht beschichtet und daher biologisch abbaubar – sehr beruhigend.

Gramona | Carrer Indústria 36 | 08770 Sant Sadurní d'Anoia |
Tel. +34/93/8910113 | info@gramona.com | gramona.com | €€

Gramona
ARTESANS DEL TEMPS
VITIS · VINI · VITAE
GRAMONA
Gramona
Imperial
2015
CORPINNAT

106_Cava mit Wumms

La Capella Cava de Parajo Calificado Brut Nature

La Capella kam im Tabernakel, wodurch gleich einmal Obacht und Ehrfurcht eingefordert wurden. Um den Schaumwein in weltliche Gefilde zu überführen, wurde er zum Verkosten ganz ohne Verpackungs-Brimborium unter die normalen Cavas eingereiht. Vom ersten Reinriechen und Schluck an war aber klar, dass etwas Besonderes im Glas ist: Er roch zunächst nach Heuhaufen, beeindruckte am Gaumen sofort mit einer fein prickelnden, seidig-stoffigen Perlage und viel Tiefgang, was auf langen Hefekontakt deutet. Kurz hatte man noch ein ofenwarmes Brioche mit frischer Butter vor dem geistigen Auge, schon mischten sich Frucht und exotische Würze ein. Er ist aus Xarel·lo, bekannt für dünne Beerenhäute, viel Körper und einige Säure. Gewachsen sind die Trauben für La Capella übrigens in einer hoch gelegenen, ergo auch kühlen Parzelle des Landguts Espiells.

Ein wirklich außergewöhnlicher Cava, der mit jeder Minute länger im Glas verspielter wurde und den Status eines »Cava de Paraje Calificado« (CPC) verdient. Das ist die höchste Qualitätsstufe eines »Cava DO« und definiert sich unter anderem über mindestens 36 Monate Hefekontakt und eine sehr eng gefasste Herkunft. La Capella war übrigens 108 Monate auf der Flasche. CPC wurde 2017 implementiert und ohne großartige Änderungen ins neue Cava-Reglement übernommen, in dem unter anderem Herkünfte festgelegt sind. Die Nachlässigkeiten der alten Regelung hatten dem Image des einst als Alternative zu Champagner ausgelobten Schaumweins schwer zugesetzt. Etliche Produzenten verließen das Consejo und gründeten etwas Eigenes (siehe Nummer 105, 108). Bei den Cava-Verantwortlichen war Feuer unterm Dach, und sie verschärften die Regeln, die seit Sommer 2021 gelten (siehe www.cava.wine).

Juvé y Camps waren übrigens nicht fahnenflüchtig, was möglicherweise daran liegt, dass man sich schon lange an den eigenen Qualitätsansprüchen orientiert.

Juvé y Camps Propriedad d'Espiells | 08770 Sant Sadurní d'Anoia | Tel. +34/938/911000 | juveycamps@juveycamps.com | juveycamps.com | €€€€€

LA CAPELLA
2010
CAVA
Juvé & Camps
PARAJE CALIFICADO
LA CAPELLA
PROPIETAT D'ESPIELLS
ST. SADURNI D'ANOIA-ESPAÑA

107 Unter der Garage versenkt

Espurnejant Brut Natural

Aus dieser mit rotem Wachs versiegelten Keramikflasche fließt wenig überraschend Ungewöhnliches ins Glas. Porcellànics Espurnejant ist ein Schaumwein aus Penedès im Natural-Wine-Stil, aus biodynamisch angebauten Trauben und ohne Zusätze hergestellt. Seine zweite Gärung in der Flasche setzt keine Reinzuchthefe, sondern süßer Most in Gang. Danach reift der Sprudel mindestens zwei Jahre in den Untiefen von Ton Rimbaus Garage im Dorf Vilobí del Penedès – in unterirdischen, mit Wasser gefluteten Becken. Der Katalane verwahrt, bei konstanter Temperatur und abgeschirmt von äußeren Einflüssen, mehrere tausend mit Wein gefüllte Keramikflaschen. Unter Wasser, in vertikaler Position, stehen sie in übereinandergestapelten Kisten.

Rimbaus Schaumwein von Xarel·lo und etwas Macabeu wird nicht degorgiert. Die stehende Lagerung empfiehlt der Winzer daher generell, um den Wein möglichst ohne Hefetrübung ins Glas zu bekommen. Auf seiner Website nennt er zudem jene Tage eines Jahres, an denen seine Weine dem Mondkalender entsprechend den größten Genuss bieten. Nach dem Mond orientiert sich Rimbau auch bei seiner Arbeit. Seine Weingärten bewirtschaftet er in einer Art Permakultur, ohne Bodenbearbeitung und im Bestreben, ein natürliches Ökosystem zu erhalten. Nicht zufällig ist die Spinne das Logo von Porcellànic, gedacht als Hommage an die Spinnen und ihre Netze in den Weingärten, die dort unerwünschte Insekten im Zaum halten.

Der Espurnejant Brut Natural lässt in neue, ungewohnte Geschmackswelten eintauchen. Die wilde kräuterige Nase mit rauchigen Noten weckt Erinnerungen an ein Hafenbecken und süße gelbe Rosinen mit salzig-hefigem Touch; ungeschwefelt, saftig und erfrischend. Weltberühmte Restaurants, wie das Noma in Kopenhagen oder El Celler de Can Roca in Girona, führen Porcellànic auf der Weinkarte.

Porcellànic – Ton Rimbau | Bruges 97 | 08202 Sabadell |
Tel. +34/93/7259460 | porcellanic@porcellanic.com |
tonrimbau.com oder naturalwines.porcellanic.com | €€€€€

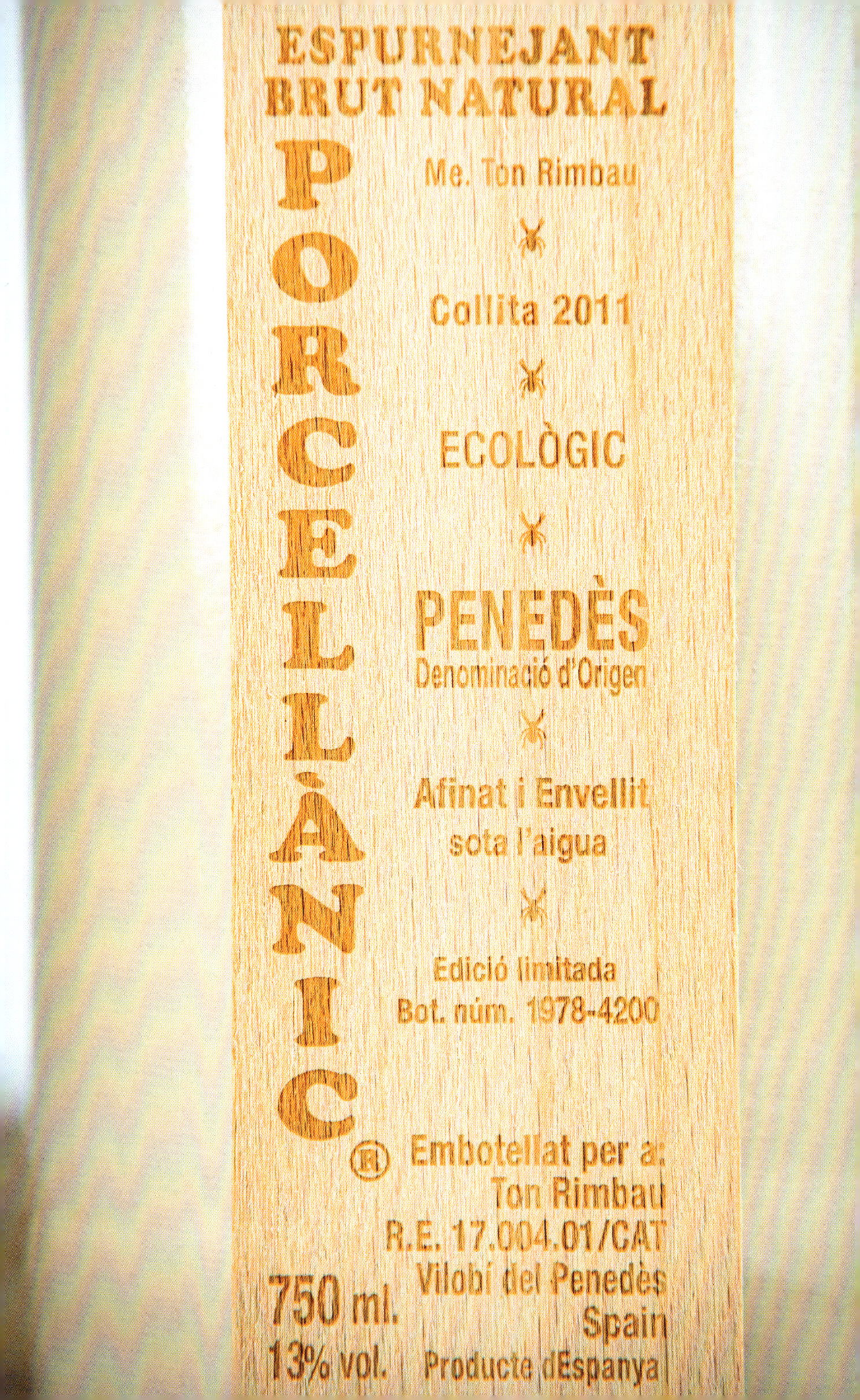
ESPURNEJANT
BRUT NATURAL
PORCELLÀNIC
Me. Ton Rimbau
Collita 2011
ECOLÒGIC
PENEDÈS
Denominació d'Origen
Afinat i Envellit
sota l'aigua
Edició limitada
Bot. núm. 1978-4200
®
Embotellat per a:
Ton Rimbau
R.E. 17.004.01/CAT
Vilobí del Penedès
Spain
750 ml.
13% vol.
Producte d'Espanya

108_ Fokus auf Mineralität

De la Finca Brut Nature

»Die Champagner-Erzeuger behaupten, dass es auf der Welt kein Terroir gibt, das sich besser oder gleich gut wie die Champagne für die Herstellung von Schaumwein eignet. Das ist ziemlich unglaubwürdig, denn es wäre ein zu großer Zufall, wenn die zufällige Erfindung von Dom Pérignon genau an dem Ort stattgefunden hätte, der die besten Bedingungen für Schaumwein bietet«, schrieb Manuel Raventós Domènech 1928 in sein Reisetagebuch. Überzeugt vom Terroir seiner Heimat hatte sich Jahrzehnte zuvor schon sein Vater Josep Raventós Fatjó von den Franzosen inspirieren lassen und 1872 den ersten spanischen Schaumwein nach Traditioneller Flaschengärung gemacht. Er gilt als Erfinder des Cava, wenngleich die Cava DO (Denominación de Origen) erst 1986 offiziell das Licht der Welt erblickte.

Nach sage und schreibe 525 Jahren Weinbau in der Familie führen Manuel und Pepe Raventós heute als 20. und 21. Generation die Bodega Raventós i Blanc in Sant Sadurní d'Anoia – konsequent biodynamisch, mit dem Ziel, die mineralischsten Schaumweine der Welt herzustellen. Auf 90 Hektar wachsen ausschließlich traditionelle Rebsorten: Xarel·lo, Macabeu, Parellada, Monastrell, Bastard Negre, Sumoll und Xarel·lo Vermell. Dass die DO Cava auch internationale Sorten erlaubt, war auch ein Grund, 2012 auszutreten. Zu sehr waren die Qualitätsansprüche der Raventós über die offiziellen Regeln der DO hinausgewachsen. Stattdessen strebt man eine eigene geografische Herkunft an: Conca del Riu Anoia. So heißt das kleine Gebiet rund um das Becken des Flusses Anoia zwischen dem katalanischen Küstengebirge und der Meeresküste. Hier gedeihen die Trauben für den feinperligen Brut Nature »De la Finca« in der 1964 bepflanzten Vinya dels Fòssils. Kreidig-mineralisch und mit einer Mischung aus erdig-herb, zitrisch und pflanzlich spiegelt er das von Meeresablagerungen geprägte Terroir mit salziger Spannung am Gaumen wider.

Raventós i Blanc | Plaça del Roure | 08770 Sant Sadurní d'Anoia |
Tel. +34/93/8183262 | info@raventos.com | raventos.com | €€

RAVENTÓS
RAVENTÓS i BLANC
2017
RAVENTÓS i BLANC
VITICULTORS DES DE 1497
CONCA DEL RIU ANOIA
DE LA FINCA
VINYA DELS FÒSSILS

109_À la volée!

Intens Rosat Brut Nature

Vom maschinellen Rütteln der Schaumweinflaschen hört man selten, weil sich die romantische Vorstellung von traditionellen Rüttelpulten in schummrigem Kellerlicht einfach besser vermarkten lässt. Trotzdem sind Gyropaletten, würfelförmige Drahtkäfige, die mehrere hundert Flaschen gleichzeitig rütteln, weit verbreitet, weil sie Zeit und Geld sparen. Bei Recaredo, wie Gramona (siehe Nummer 105) Corpinnat-Mitglied, geschieht aber nicht nur das Rütteln von Hand, sondern auch das Degorgieren.

Hat ein Schaumwein seine Zeit auf der Hefe geruht, bei Recaredo mindestens 30 Monate, gilt es, die Hefepartikel in den Flaschenhals zu rütteln, um sie im nächsten Schritt abzutrennen. Das manuelle Rütteln braucht Zeit und Geschick. Jede Flasche wird täglich mit einer gekonnten Bewegung des Handgelenks um ein Achtel gedreht, wobei sie gleichzeitig geschüttelt, gedreht und gekippt wird. So bringt man sie von einer Horizontal- in eine Vertikalstellung, das Hefesediment sammelt sich unten im Hals und ist nach etwa drei Wochen bereit zum Degorgieren.

Die Flaschen werden beim Dégorgement üblicherweise kopfüber in ein Kältebad getaucht. So friert der Hefepfropfen im Flaschenhals ein und schießt durch den hohen Druck beim maschinellen Öffnen der Flasche heraus. Im Keller von Recaredo wiederum degorgieren geschulte Mitarbeiter jede einzelne Flasche »warm«, mit einer präzisen Bewegung von Hand – à la volée! Mit dem Ziel, so wenig Flüssigkeit wie möglich zu verlieren. Der Verlust wird mit demselben Wein aufgefüllt. Eine Dosage erhalten die Schaumweine von Recaredo nicht, Brut Nature ist seit jeher der Stil des Hauses. Der Intens Rosat von Monastrell und Garnatxa Negra ist entsprechend trocken und durch Mazeration auf den Schalen intensiv pink. Ein biodynamischer Rosé mit mediterranem Charakter und Aromen von Granatapfel bis Hagebutte in handwerklich hergestellter Spitzenqualität. Hervorragend als Essensbegleiter!

Recaredo | Carrer Tamarit 10 | 08770 Sant Sadurní d'Anoia |
Tel. +34/93/8910214 | info@recaredo.com | recaredo.com | €€

Recaredo
DES DE 1924
INTENS
ROSAT BRUT NATURE
2018
CORPINNAT
CULTIVAT I VINIFICAT A RECAREDO

Schweiz

Auch Eidgenossen schäumen

Aargau und Neuchâtel

Die Schweizer Bevölkerung ist bei Champagner, Cava und Prosecco Trink-Weltmeister – oder wenigstens in den Top Five der Weltspitze. Die Steigerungsraten beim Import von Schaumweinen können einen schon schwindelig machen. Laut der »Schweizerischen Weinzeitung« im Januar 2020: plus 40 Prozent Steigerung von 2010 bis 2020. Doch Sekt selbst zu produzieren war lange kein Thema, und deshalb gibt es auch wenig Erfahrung mit den Tücken der Herstellung. Doch Schritt um Schritt freunden sich die Winzerinnen und Winzer mit der Idee an und bringen zunehmend Spannendes hervor.

Auch fanden wir bei der Suche nach Schweizer Schaumweinen Hocherfreuliches zu einem anderen prickelnden Thema: Cidre.

110 Spinnerei, wie sie im Buche steht

Petit Meslier Extra Brut

Der Aargauer Winzer Tom Litwan kaufte sich ein dickes Buch über Rebsorten, das legendäre Standardwerk »Wine Grapes« von Jancis Robinson, Julia Harding und José Vouillamoz. Er schlug es auf, und sein Blick fiel zuallererst auf Petit Meslier, eine in der Champagne beheimatete, aber sehr selten gewordene Sorte mit guter Säure. Litwan hatten Ideen in Richtung Schaumwein bereits im Kopf herumgespukt, und was er da las, fand er superspannend – letztendlich impulsgebend für sein neues Projekt. Er telefonierte mit dem Schweizer Co-Autor des Buchs, José Vouillamoz, der ihm einen Rebveredler empfahl, der von Petit Meslier Pflanzgut besorgen konnte. So setzte Litwan im Jahr 2010 auf einer kleinen Fläche Petit Meslier. Er gibt zu: »Anfangs wusste ich natürlich überhaupt nicht, ob das geht oder ob das nur eine Spinnerei von mir ist.«

Doch die französischen Reben schienen sich in der nördlichen Deutschschweiz, auf Kalkmergelböden in über 500 Metern Seehöhe, recht wohlzufühlen, kamen langsam in den Ertrag und lieferten 2016 ganze 435 Flaschen erstklassigen Schaumwein. Hier treffen pflanzliche und exotische Noten im Duft, Quitten bis grüne Mango, auf viel Frische am Gaumen, Zitrus, Limetten und rauchige Noten; ein stoffiger Typ mit feiner, würziger Länge. Ja, diese prickelnde Schweizer Rarität macht unglaublich Lust auf mehr! Beruhigenderweise hat Litwan, der als Winzer ein Quereinsteiger ist, nun noch mehr Petit Meslier ausgepflanzt. Sein Fokus bleibt aber beim Chardonnay und ganz besonders beim Pinot Noir. Denn seine Liebe zu ihm – und generell zum Wein – entdeckte der gelernte Maurer vor 20 Jahren beim Arbeiten in Burgund. Daraufhin begann er eine Weinbauausbildung und konnte sich 2006 als Winzer in Schinznach-Dorf selbstständig machen. Heute bewirtschaftet er 4,5 Hektar biodynamisch, und seine feinen Pinots zeigen sich ganz klar von Burgund inspiriert.

Litwan Wein – Tom Litwan | Moosstraße 280 | 5062 Oberhof |
Tel. +41/79/5410930 | mail@litwanwein.ch | litwanwein.ch | €€€€

LITWAN WEIN
Petit Meslier
LITWAN
EXTRA BRUT

111_Schmetterlinge und Vulkane

Cidre de Fer Extra-Sec

Natürlich denkt man sofort an Vulkane und ist damit auf dem völlig falschen Dampfer. Namensgeber des Betriebs von Jacques Perritaz im Kanton Fribourg ist nämlich ein Schmetterling: der *papillon vulcain*. Der Admiral, so sein deutscher Name, tut sich speziell im Herbst in der Westschweizer Obstbauregion um, weil der Saft von Fallobst zu seinen Leibspeisen zählt. Perritaz' Heimatkanton zwischen dem Genfer (Lac Léman) und dem Neuenburger See (Lac de Neuchâtel) ist klimatisch eher kühl – bei äußerst variablen Böden.

Perritaz ist Biologe und hätte Interesse an einem Winzerdasein gehabt, begann aber vor etwa 20 Jahren, sich für die alten Obstsorten seiner Region und das Cidre-Machen zu interessieren. Heute bezeichnet er sich als »Cidriculteur« und verarbeitet Äpfel, Birnen und Quitten. Je nach Verfügbarkeit der Früchte können die Zusammenstellungen seiner Cuvées jedes Jahr wechseln. Daher trägt so manche auch eine Jahrgangsbezeichnung.

Cidre de Fer 2018 ist aus dem Bohnapfel *(pomme de fer)*, der laut Perritaz eine interessante Süße aufbaut, wenn er sehr reif ist. Cidre de Fer schmeckt aber prächtig trocken, hochelegant, mit verspielter Würze zwischen Most, Walnuss, Körnergewürzen und getrockneten Kräutern. Gemäß den Notizen der Autorin »weckt sein Tannin Tote«, die dann durch eine frische Säuerlichkeit belebt werden. Perritaz legt die Cidre-Verarbeitung handwerklich an. Das heißt, der reine Saft wird nur mit den eigenen, natürlich vorkommenden Hefen vergoren. In puncto Schwefel arbeitet er mit dem notwendigen Minimum, filtriert wird nur grob. Notwendig sei dies, erklärt Perritaz, bei einem wilderen Gärverlauf, verursacht durch den im Vergleich zur Normandie üppigeren Boden. So könne man die Gärung etwas zügeln. Jacques Perritaz ist ein Meister seiner Kunst, seine Cidres sind der perfekte Ausgangspunkt, um die Welt der Obstschaumweine zu erobern.

Cidrerie du Vulcain – Jacques Perritaz | Chemin du Clos-d'Illens 11 | 1733 Treyvaux | Tel. +41/26/3226280 | info@cidrerieduvulcain.com | cidrerieduvulcain.com | €

Cidrerie du Vulcain

Glossar

Assemblage
Das selektive Verschneiden (Cuvetieren) beziehungsweise kunstvolle Kombinieren von unterschiedlichen Grundweinen – aus mehreren Fässern, aber auch aus verschiedenen Jahrgängen, Rebsorten und Weinlagen.

Autolyse
Zerfall der Hefe nach der zweiten Gärung in der Flasche. Die Hefeautolyse bereichert den Wein aromatisch und erhöht die Komplexität, zum Beispiel mit Noten von Brioche und Biskuit.

Bâtonnage
Aufrühren der Hefe bei der Weinbereitung, erhöht die Cremigkeit der Grundweine.

Biologischer Säureabbau (BSA)
Die malolaktische Gärung, wie man den BSA auch nennt, wandelt die aggressive Äpfelsäure in die milder schmeckende Milchsäure um. Sie läuft meistens nach, manchmal auch parallel zur ersten alkoholischen Gärung ab und ist steuerbar. Bei Rotwein ist der BSA üblich, bei Weißwein abhängig vom angestrebten Stil. Manche Winzer lassen ihn geschehen, »wenn es der Wein so will«.

Blanc de Blancs
Weißer Schaumwein aus weißen Rebsorten.

Blanc de Noirs
Weißer Schaumwein aus roten Rebsorten.

Brut, Extra Brut, Brut Nature et cetera
Diese Bezeichnungen geben an, wie viel Restsüße ein Schaumwein besitzt. Siehe auch: »Süßegrade« und »Dosage«.

Champagner-Codes am Etikett
Zwei sehr klein gedruckte Buchstaben in Kombination mit der Betriebsnummer, meist am Rückenetikett, geben Aufschluss, um welche Art Erzeuger es sich handelt.

CM: »Coopérative de Manipulation«. Eine Winzergenossenschaft, die aus den Trauben ihrer Mitglieder Champagner herstellt und ihn vermarktet.

MA: »Marque d'Acheteur«. Handelsmarke, die nicht dem Erzeuger, sondern einem Dritten gehört, zum Beispiel einem Supermarkt oder einer prominenten Person.

ND: »Négociant Distributeur«. Handelshaus, das fertigen Champagner kauft, die Flaschen selbst ausstattet und unter eigener Marke vertreibt.

NM: »Négociant Manipulant«. Ein Handelshaus, das Trauben, Most oder Grundweine kauft, um Champagner herzustellen und unter eigener Marke zu verkaufen. Der Zukauf dominiert, wenngleich einige Häuser (Maisons) auch selbst beträchtliche Rebflächen besitzen. Es gibt etwa 350 solcher Häuser, einige davon sind in Besitz von Luxuskonzernen (etwa Moët & Chandon als Teil von LVMH), andere immer noch in Familienbesitz (zum Beispiel Bollinger).

RC: »Récoltant Coopérateur«. Ein Genossenschaftswinzer, der von seiner Genossenschaft Weine zum weiteren Ausbau oder verkaufsfertig zurückgeliefert bekommt.

RM: »Récoltant Manipulant«. Ein Winzer, der ausschließlich von eigenen Trauben und Weinen im eigenen Betrieb Champagner herstellt, meist Familienbetriebe. Winzer haben zuletzt oft Trends angestoßen, wie zum Beispiel genauere Angaben auf dem Etikett, Verzicht auf Dosage, biologische und biodynamische Arbeitsweisen et cetera.

Cider / Cidre
Fruchtsaft mit Obstwein derselben Obstart vergoren, maximal fünf Volumenprozent Alkohol und maximal 2,5 Bar Druck. In Frankreich und Großbritannien stammt Cidre laut Definition ausschließlich von Äpfeln, in anderen Ländern werden mitunter Birnen beigemischt.

Crémant
Nach »Méthode Traditionnelle« hergestellter Schaumwein aus Frankreich, zugelassen für acht Regionen: Alsace, Bordeaux, Bourgogne, Die, Jura, Limoux, Loire und Savoie. Auch in Deutschland möglich, aber kaum gebräuchlich.

Cuvée
Französische Bezeichnung für einen Verschnitt (Blend) von mindestens zwei fertig vergorenen Weinen unterschiedlicher Rebsorten. In der Champagne nennt man auch den Most der ersten Pressung »cuvée« – die höchste Qualität. Die nachfolgende »taille« hingegen ist qualitativ unterlegen.

Degorgierdatum / Date de Dégorgement / Sboccatura
Das Degorgierdatum markiert das Ende der Vinifizierung. Immer öfter geben Winzer dieses Datum am Rückenetikett an, und zwar mindestens Monat und Jahr. So kann die Frische eines Produkts, insbesondere bei Schaumweinen ohne Jahrgangsangabe, eingeschätzt werden. Schaumweine sind in der Regel mit dem Markteintritt trinkreif.

Degorgieren / Disgorgement / Dégorgement
Beim Degorgieren wird der Hefesatz, der sich während der zweiten Gärung in der Flasche angesammelt hat, entfernt. Dabei werden die Flaschen meist kopfüber in ein Kältebad getaucht (»Kaltdegorgieren«). Beim Öffnen der Flasche schießt dann der Eispfropfen mit der Hefe durch den Überdruck heraus. Der entstandene Verlust wird aufgefüllt – mit einer »Dosage«, die den gewünschten Süßegrad des

Schaumweins einstellt, oder mit Wein aus Flaschen der gleichen Charge (Zero Dosage). Bei Pétillants Naturels vermindert Degorgieren das Risiko, dass der Wein beim Öffnen explosionsartig austritt.

Degorgieren »à la volée«
Auch »Warmdegorgieren«. Der Kronkorken der Flasche wird mittels Degorgierhaken und mit einer gekonnten Bewegung von Hand geöffnet, der Hefepfropfen schießt heraus, die Flasche wird per Daumen oder Handfläche verschlossen, bis sie sich beruhigt hat, um dann aufgefüllt zu werden.

Dosage
Auch Liqueur d'Expédition, Versanddosage oder Versandlikör. Mit der Dosage wird der beim Degorgieren verloren gegangene Inhalt ergänzt und der Süßegrad eingestellt. Der Schaumwein gilt dann als »versandfertig«. Die Dosage kann ein Gemisch nach Art des jeweiligen Hauses sein – aus Zucker und Wein, Reservewein oder auch Süßwein.

Frizzante
Siehe Perlwein.

Fülldosage (Tiragelikör) / Liqueur de Tirage
Der Tirage-Likör ist ein Gemisch aus Sekthefen und Zucker, das dem stillen Grundwein beigefügt wird und die zweite Gärung in der Flasche auslöst. Die Flaschen lagern dann *sur lattes*, liegend gestapelt, heute oft in Gitterboxen, je nach Stil und Gesetzeslage mindestens neun Monate auf der Hefe. Die Tirage wird auch als Zeitpunkt gesehen, zum Beispiel dürfen französische Crémants erst zwölf Monate »après tirage«, nach der Tirage, auf den Markt kommen.

Ganztraubenpressung
Einer der Grundpfeiler bei der Herstellung von Grundwein für Sekt. Die Trauben kommen möglichst unversehrt mitsamt den Stielen in

die Presse, weil so weniger Phenole (Gerbstoffe) in den Most gepresst werden und der Saft einigermaßen »vorfiltriert« wird.

Grundwein

Ein Stillwein mit sehr frischer Säure (technisch gesehen sollte der pH-Wert unter drei liegen, das heißt sehr sauer) und einer Alkoholgradation von etwa elf Volumenprozent ist elementar für einen hochwertigen Schaumwein. Bereits die Rebstöcke im Weingarten, aus deren Trauben der zukünftige Grundwein entstehen soll, werden mit Hinsicht auf zukünftige Versektung geschnitten. In welcher Art von Gefäß – Stahltank, kleines oder großes Holzfass oder Beton – ein Grundwein ausgebaut wird, ob ein Biologischer Säureabbau (BSA) stattfindet oder nicht, ob Bâtonnage durchgeführt wird oder nicht, entscheidet der Winzer je nach Stil, den er anstrebt.

Hefelager

Auch: Kontakt mit der Hefe. Dieser Begriff bezieht sich im Zusammenhang mit Schaumwein immer auf jene Zeit, die der Wein im Zuge der zweiten Gärung in Kontakt mit der Hefe und ihren Autolyseprodukten verbrachte. Je länger, desto feiner die Perlage und desto besser ihre Einbindung. Wie lange das Hefelager idealerweise dauern sollte, wird je nach Land und Gebiet (gesetzliche Vorgaben), aber auch je nach Produzent unterschiedlich gesehen. Mehrere Monate bis mehrere Jahre sind möglich.

Herstellungsmethoden

Klassische Flaschengärung, Traditionelle Flaschengärung, Méthode Traditionnelle, Méthode Cap Classique, Metodo Ancestrale, Méthode Charmat, Tankgärung, Metodo Martinotti, Transvasierverfahren et cetera. Nichts und niemand schreibt vor, in welcher Sprache das Herstellungsverfahren benannt wird. Es gibt dazu in keinem Land eine Systematik, wenngleich Méthode Traditionnelle ungleich charmanter klingt als Traditionelle Flaschengärmethode und Méthode Charmat vertrauenswürdiger als Großraumgärverfahren oder Tankgärung.

Low Intervention / Minimal Intervention
Zugang zum Weinmachen, bei dem im Keller so wenig wie möglich eingegriffen wird. Reinzuchthefen, Hilfsmittel zur Schönung und Klärung, Enzyme et cetera werden nicht eingesetzt, Schwefel zur Konservierung in möglichst geringer Menge. Diese Arbeitsweise ist risikoreich und erfordert Erfahrung, völlig gesunde Trauben und größte Aufmerksamkeit bei allen Abläufen im Keller. Das Ergebnis sind weniger uniforme, puristische, eigenständige Terroir-Weine.

Méthode Ancestrale / Méthode Rurale / Metodo Ancestrale
Bei dieser Art der Herstellung wird gärender Most zu einem vom Winzer bestimmten Zeitpunkt in Flaschen gefüllt und mit Kronkorken verschlossen. Sie ist die Urform aller Möglichkeiten, um Kohlensäure in den Wein zu bringen, der dann Pétillant Naturel oder Pet Nat genannt wird.

Méthode Charmat / Metodo Martinotti
Auch Tankgärverfahren oder Großraumgärung. Der Grundwein wird in einem großen Drucktank zum zweiten Mal vergoren, das Getränk dann gekühlt, der entstehende Hefesatz durch Abziehen oder Filtration entfernt. Nach EU-Recht muss dieser Vorgang mindestens sechs Monate dauern, einzelne Länder haben Auflagen für eine längere Dauer, wie Österreich, wo der »Österreichische Sekt Klassik« zwar per Méthode Charmat hergestellt werden darf, der Hefekontakt jedoch neun Monate dauern muss.

Méthode Traditionnelle / Traditionelle Flaschengärung
Die bekannteste und hochwertigste Art der Schaumweinherstellung ist die Klassische Flaschengärung. Der Grundwein wird in Flaschen gefüllt und durch ein Gemisch aus Hefe und Zucker (Fülldosage)

ein zweites Mal zur Gärung gebracht. Verschlossen wird die Flasche fast immer mit einem Kronkorken. Das traditionelle Verfahren bedeutet, dass die Lagerung auf der Hefe mindestens neun Monate dauert, der entstandene Hefesatz durch Abrütteln und Degorgieren entfernt und die fehlende Flüssigkeitsmenge mit oder ohne Dosage aufgefüllt wird.

Bitte beachten: »Flaschengärung« bezeichnet auch nach dem sogenannten Transvasierverfahren hergestellte Schaumweine, weil die zweite Vergärung dann ebenfalls in Flaschen stattfindet und mindestens neun Monate dauert. Anstatt die Flaschen zu rütteln und einzeln zu degorgieren, werden sie allerdings in einen Drucktank entleert, wo sich die Hefe absetzt oder herausgefiltert wird. Nach mindestens 90 Tagen im Tank erfolgt die Flaschenfüllung.

Non Vintage (NV) / Sans Année
Schaumwein ohne Jahrgangsbezeichnung, was nicht automatisch geringere Qualität bedeutet. Meist dominiert aber auch bei Non-Vintage-Schaumweinen ein Basis-Jahrgang, der mit älteren Reserveweinen cuvetiert wird.

Obstperlwein
Mindestens fünf Volumenprozent Alkohol und maximal 2,5 Bar Druck.

Obstschaumwein
Keine Alkoholangaben im Gesetz, aber mindestens drei Bar Druck.

Perlwein / Frizzante
Jeglicher Schaumwein, egal, welcher Herstellungsmethode, mit maximal 2,5 Bar Druck. Alle Sprachen sind erlaubt, weshalb zum Beispiel in Österreich öfter von Frizzante als von Perlwein die Rede ist, da das italienische Wort schöner klingt.

Pétillant Naturel

Ergebnis eines nach Méthode Ancestrale hergestellten Schaumweins. In deutschsprachigen Landen gern zu Pet Nat verkürzt; die urtümlichste Form, um Sprudel in Wein zu bekommen. Für Pétillant Naturel wird gärender Most in Sektflaschen gefüllt, mit Kronkorken verschlossen und gärt dort zu Ende. Für Pet Nats gibt es selten gesetzliche Rahmenbedingungen, weshalb sie für experimentierfreudige Winzer eine tolle Spielwiese sind. Mit geringem technischen Aufwand können gute Preise erzielt werden.

Prise de mousse / Prisa di spuma

Ausdruck für die Bildung der Bläschen während der zweiten Gärung in der Flasche, ausgelöst durch den Liqueur de Tirage.

Réserve Perpétuelle

Ein traditionelles System in der Champagne zur Lagerung von Weinen mehrerer Jahrgänge als Verschnitt in einem Fass. Wird daraus Wein entnommen, wird mit dem neuen Jahrgang aufgefüllt. Auf diese Weise entsteht eine komplexe Cuvée. Manche Winzer nennen sie auch »Solera« – wie bei der Sherry-Produktion. Die echte spanische Solera ist aber wesentlich komplexer.

Rütteln

Von Hand gerüttelt versus maschinengerüttelt. Beim Rütteln (französisch *rémuage*) werden die Sektflaschen nach Vollendung der zweiten Gärung und der Zeit des Hefekontakts nach und nach gedreht und dabei auf den Kopf gestellt. Das Rütteln dauert etwa drei Wochen. Dabei sammeln sich die Hefeablagerungen im Flaschenhals und können beim Degorgieren entfernt werden. Das Rütteln ist entweder Handarbeit nach einem bestimmten Schema oder erfolgt maschinell. Heute werden großteils Gyropaletten eingesetzt, die von Maschinen so gedreht werden, dass die darin gelagerten Flaschen auf dem Kopf zu stehen kommen. Handgerüttelt wird gern als Qualitätsmerkmal auf Etiketten angeführt. Dem Hefesatz in der Flasche ist es aber ziemlich egal, ob er händisch oder von Maschinen in die Kopfüber-Position für das Degorgieren gelangt.

Sabrieren
Öffnen einer Schaumweinflasche, indem man mit Hilfe eines Säbels oder Messers, das entlang der Flaschennaht geführt wird, den Flaschenkopf abschlägt. Braucht Übung!

Schaumwein
Oberbegriff für alkoholische Getränke, die Kohlensäure enthalten und daher unter Druck stehen. In Frankreich Vins Effervescents oder Vin Mousseux genannt. In jedem Land, das Schaumwein herstellt, gibt es mehr oder weniger liebevolle Bezeichnungen, zum Beispiel: Blubber oder Sprudel, *bollicine* (italienisch), *bulles* (französisch), *bubbles* (englisch) oder *bobler* (dänisch).

Sekt / Spumante / Espumante
Überbegriff für durch Kohlensäure schäumende Weine mit mehr als drei Bar Druck. Sie entsteht bei der zweiten Gärung in der Flasche, wobei ein Druck von bis zu sechs Bar entsteht. Für die einfachsten Qualitäten – die Sie in diesem Buch nicht finden – kann Kohlensäure auch zugesetzt werden. In Deutschland fängt Sekt bei 3,5 Bar an, in Österreich ab drei Bar.

Stillwein
Wein ohne Kohlensäure.

Superiore
Gebietsabhängige Definition in Italien: Manchmal bedeutet Superiore längere Lagerzeiten, manchmal höheren Alkoholgehalt. Bei Prosecco aus Conegliano Valdobbiadene bedeutet Superiore, dass man es mit Spumante, ergo mit Druck von mehr als drei Bar zu tun hat. Im Regle-

ment *(disciplinare)* zu Franciacorta wird das Wort im bezeichnungsrechtlichen Zusammenhang nicht erwähnt, bei Trento DOC wird explizit festgehalten, dass »qualifizierende Ausdrücke wie Selezione, Superiore« verboten sind.

Sur lattes

Liegende Lagerung von Schaumweinflaschen, wörtlich »auf den Latten«. Siehe »Traditionelle Flaschengärung, Traditionelle Methode, Méthode Traditionnelle«.

Sur lie

Wörtlich »auf der Hefe«, italienisch *sui lieviti*.

Süßegrade bei Schaumwein (»Trockenheitsstufen«)

<table>
<tr><th>Bezeichnung am Etikett</th><th>Restzuckergehalt</th></tr>
<tr><td>brut nature | zero dosage |
non dosé | dossagio zero</td><td>bis 3 Gramm pro Liter</td></tr>
<tr><td>extra brut</td><td>bis 6 Gramm pro Liter</td></tr>
<tr><td>brut</td><td>bis 12 Gramm pro Liter</td></tr>
<tr><td>extra trocken | extra dry |
extra sec | extra secco</td><td>12 bis 17 Gramm pro Liter</td></tr>
<tr><td>trocken | dry | sec | secco</td><td>17 bis 32 Gramm pro Liter</td></tr>
<tr><td>halbtrocken | semi dry |
demi-sec | semi-secco</td><td>32 bis 50 Gramm pro Liter</td></tr>
<tr><td>mild | süß | sweet | doux | dolce</td><td>mehr als 50 Gramm pro Liter</td></tr>
</table>

Achtung: Bei Schaumwein und Stillwein stimmen die Bezeichnungssysteme für den Süßegrad nicht überein!
»Trocken« bedeutet bei Schaumwein »ziemlich süß« (17 bis 32 Gramm pro Liter Restsüße) und hat nichts mit der Geschmacksidee von trockenem Stillwein zu tun. Brut (bis zwölf Gramm pro Liter Restsüße) – und nicht trocken (dry/sec/secco) – lautet die Bezeichnung für die weltweit häufigste Trockenheitsstufe bei Schaumwein.

Vintage / Millésimée / Millesimato

Beim Jahrgangsschaumwein stammen die Grundweine aus einem einzigen Jahrgang. Vintage-Schaumweine entstehen oft nur, wenn die Trauben eines Jahrgangs eine außergewöhnlich gute Qualität zulassen. Die Hefelagerzeiten sind länger als bei einem Non-Vintage.

Dank

Für die Unterstützung mit Probe- und Fotoflaschen sowie Verkostungsmöglichkeiten bedanken wir uns bei folgenden Weinhandelsunternehmen in Deutschland und Österreich:

BorStore - Wein aus Ungarn, Berlin | borstore.de
Champagne Characters, München / Wien | champagne-characters.com
K & U – Weinhalle, Nürnberg | weinhalle.de
Kölner Weinkeller, Köln | koelner-weinkeller.de
L. Derksen & Co., Leobendorf | derksen.at
Linke Weinhandel, Hohenbrunn | linke-weine.de
Lobenbergs Gute Weine, Bremen | gute-weine.de
Lou Vin, Wien | lou-vin.com
Schlumberger, Meckenheim | schlumberger.de
SoloProsecco, Neuhofen/Krems | soloprosecco.at
Stephan Pellegrini GmbH, Landau | pellegrini.de
The CapeHouse, Mainz | capehouse.eu
Unger Weine, Frasdorf | ungerweine.de
Viniberica – Spanische Weine, Ettlingen | viniberica.com
Vinonudo, Wien | vinonudo.at
Wagners Weinshop, Laakirchen | wagners-weinshop.com
Wein am Limit, Hamburg | weinamlimit.de
Wein & Co., Vösendorf | weinco.at
Wein.Depot Noitz, Palt | wein-handlung.at
Weingalerie - Weine aus Portugal, Berlin | weineausportugal.de
Weinhandlung Kreis, Stuttgart | wein-kreis.de
Weinhaus Otto Paus, Wesel | weinhaus-paus.de
Weinskandal, Wien | weinskandal.at
Zalto Glas GmbH, Gmünd | zaltoglas.at

Herzlicher Dank für jegliche Form der Unterstützung gilt folgenden Personen und Institutionen:

Pedro Ballesteros Torres MW, Marina & Christian Bauer (Wein & Kultur), Thomas Bohl, Consorzio Tutela Lambrusco DOC, Christina Fischer, Michaela Hebenstreit, Moritz Herzog, Marcus Hofschuster (wein.plus), Markus Hungerbühler, Instituto Trentodoc, Erik Klein, Petra Mayer (PM Kommunikation), Wines of South Africa, Nicola Neumann, Franz Noitz, Sonja Overhage-Mrosk, Sylvia Petz, Dominik Portune, Tomasz Prange-Barczyński, Ermes Scardova, Wein aus Spanien – Christina Müller & Katja Lippert (ICEX), Matthias Stelzig, Daniel Varela, Bart de Vries, Barbara Wanner (Organize Communications).

Daniela Dejnega,
Luzia Schrampf
111 Weine aus Österreich, die man getrunken haben muss
ISBN 978-3-7408-0618-7

Pierre Thomas
111 Schweizer Weine, die man getrunken haben muss
ISBN 978-3-7408-1301-7

Carsten Henn
111 Weine aus aller Welt, die man getrunken haben muss
ISBN 978-3-7408-0859-4

Carsten Henn
111 Deutsche Weine, die man getrunken haben muss
ISBN 978-3-7408-0732-0

Jens Dreisbach
111 Gins, die man getrunken haben muss
ISBN 978-3-7408-0571-5

Bernd Imgrund
111 Whiskys, die man getrunken haben muss
ISBN 978-3-7408-0242-4

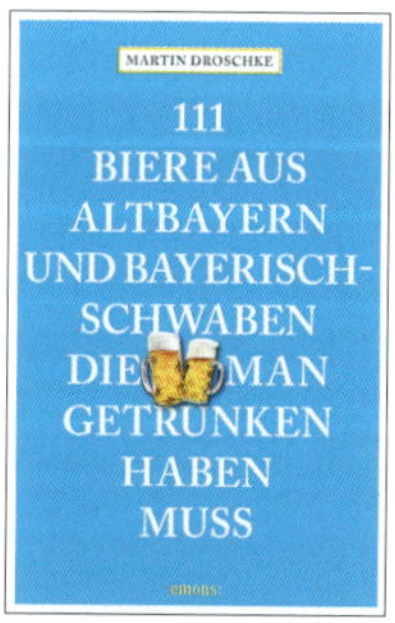

Martin Droschke
111 Biere aus Altbayern und Bayerisch-Schwaben, die man getrunken haben muss
ISBN 978-3-7408-1069-6

Martin Droschke,
Norbert Krines
111 deutsche Craft Biere, die man getrunken haben muss
ISBN 978-3-7408-0338-4

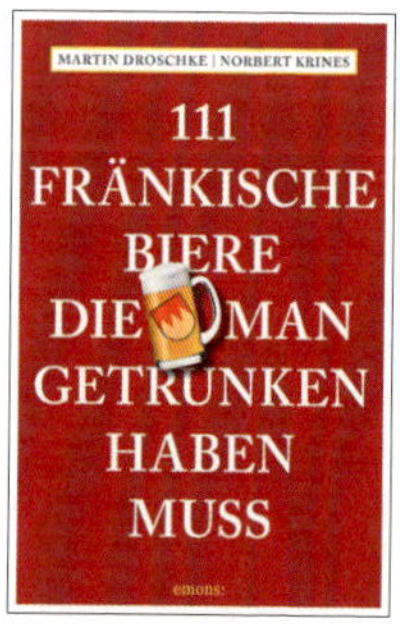

Martin Droschke,
Norbert Krines
111 Fränkische Biere, die man getrunken haben muss
ISBN 978-3-95451-922-4